사랑의 초대

'2005 서울극장 사랑의 초대'는 2005년 (주)서울극장이 대중문화의 장인 영화관(cinema)을 복음 전도 (evangelism)와 결합하여 기획한 '극장집회'로, 모든 관객을 무료로 초대하여 국내 최대의 상영관에서 재즈·팝·영화음악·클래식 등 다양한 장르의 음악 공연도 즐기고 자연스레 이어지는 복음의 메시지도 듣게 함으로써, 문화의 장을 통해 일반인들에게 영적 위로와 평안뿐 아니라 복음을 접할 기회를 제공하자는 뜻으로 시작되었다. 《사랑의 초대》는 '2005 서울극장 사랑의 초대'에서 선포된 12개의 메시지를 하나로 묶은 것이다.

사랑의 초대
The Invitation of Love

지은이 이재철
펴낸곳 주식회사 홍성사
펴낸이 정애주
국효숙 김의연 박혜란 송민규 오민택 임영주 차길환

2006. 2. 27. 초판 발행   2025. 1. 15. 16쇄 발행

등록번호 제1-499호 1977. 8. 1.
주소 (04084) 서울시 마포구 양화진4길 3
전화 02) 333-5161   팩스 02) 333-5165
홈페이지 hongsungsa.com   이메일 hsbooks@hongsungsa.com
페이스북 facebook.com/hongsungsa
양화진책방 02) 333-5161

ISBN 978-89-365-1352-8 (03230)

사랑의 초대

이재철

홍성사.

2004년 가을이었습니다. 서울극장을 운영하는 곽정환 장로님과 고은아 권사님 부부로부터, 믿지 않는 분들을 위해 두 분이 계획한 극장집회의 설교를 부탁받았습니다. 서울극장 본관 천장에 '이 집은 하나님의 집'이라 씌어 있음을 알고 있는 저는, 순종하는 마음으로 두 분의 계획에 동참하였습니다.

2005년 1월부터 12월까지 '사랑의 초대'는, 서울극장의 가장 큰 상영관(906석)에서 매달 목요일 저녁에 열렸습니다. 이를 위해 서울극장은 초기에 막대한 금액의 시설비를 투입하였고, '사랑의 초대'가 열리는 날마다 영화 상영을 두 번씩 중단하였습니다. 만약 곽정환 장로님과 고은아 권사님의 결단과 헌신이 없었다면, 영화 상영시간에 극장에서 전도 집회를 1년간 계속하는 세계 영화사상 초유의 일은 애당초 불가능했을 것입니다.

그리고 많은 자원봉사자들의 수고가 있었습니다. 영상과 음향을 위해, 1부 음악순서를 위해, 그리고 안내와 홍보를 위해 수많은 분들이 수고하였고, 자원봉사자들을 위해 매번 먹을거리를 정성껏 준비해 온 분도 있었습니다. 한마디로 '사랑의 초대'는 그분들의 사랑이 한데 어우러져 이루어진, 명실 공히 사랑의 현장이었습니다. 그 뜻 깊은 자리에 미력한 제가 동참할 수 있었던 것은 전적으로 주님의 은총이었습니다.

'사랑의 초대'가 계속되는 1년 동안, 주님을 믿지 않던 분들이 그리고 여러 가지 사정상 교회를 떠났던 분들이 교회를 찾게 되었다는 이야기를 들을 때마다 주님께 감사드렸습니다. 주님 아니시고는 그런 일이 가능할 수 없음을 잘 알기 때문입니다. 이제 '2005 서울극장 사랑의 초대'를 책으로 엮어 내면서, 이 책 역시 주님의 도구로 쓰임 받을 수 있기를 간절히 기도드릴 따름입니다.

2006년 1월 양화진에서

차례

책을 열며 4

01 질문 있습니까? 9

02 시간은 공간이다 35

03 "웃기고 자빠졌네" 61

04 "그 사람을 가졌는가" 85

05 천생배필 113

06 성性의 격格 139

07 공즉시색空卽是色 165

08 "울어라, 조국이여" 187

09 보물섬 207

10 삼국지 227

11 낙엽 247

12 "인생은 아름다워" 267

질문 있습니까?

태초에 하나님이 천지를 창조하시니라

●창세기 1장 1절

아는 만큼 보인다

저는 유럽에 사는 3년 동안 프랑스, 스페인, 영국 등의 미술관이나 박물관에서 입체파의 창시자인 그 유명한 피카소의 진품 그림을 많이 보았습니다. 그러나 솔직히 말씀드리면 그의 작품들이 제겐 별 감동을 주지 못했습니다. 피카소의 작품에 하자가 있어서가 아니라, 제가 입체파에 대해 아는 바가 없었기 때문입니다.

저는 영화나 TV 드라마를 감상할 때 배경음악을 거의 듣지 못합니다. 어떤 음악이 흘러나오든 그 음악소리가 제게는 들리지 않는 것입니다. 영화 관람이 끝난 뒤 어느 장면의 어떤 음악이 좋았다는 이야기를 듣고서야 그런 음악이 있었음을 어렴풋이 기억할 따름입니다. 거의 음치 수준인 제가 음악에 별 관심이 없는 탓입니다.

2001년에 구입한 제 컴퓨터는 인텔 펜티엄Ⅳ 1.4기가헤르츠 시스템과 256메가바이트 램(RAM)이 탑재된, 하드디스크 총용량 80기가바이트 컴팩 퍼스널컴퓨터입니다. 요즈음은 전자제품 기술이 하루가 다르게 발전하는 시대니만치 최신형 컴퓨터에 비하면 다소 구형이긴 하지만, 그래도 그 정도의 컴퓨터라면 그 속에 얼마나 다양한 기능들이 내장되어 있겠습니까? 그러나 그 좋은 컴퓨터로 제가 하는 일이란 전자메일을 송수신하고 인터넷으로 신문을 보거나, 문서 편집 프로그램을 이용하여 글을 쓰는 것이 고작입니다. 그 이외의 컴퓨터 기능에 대해서는 전혀 문외한인 까닭입니다. 만약 제가 입체파 그림이나 음악 그리고 컴퓨터에 대해 해박한 지식을 지니고 있다면, 피카소의 진품 그림에서 피카소의 희로애락을 볼 수 있을 것이요, 영화의 화면과 대사를 보면서도 음악까지 듣고 즐길 수 있을 것이며, 컴퓨터를 지금보다 훨씬 더 다양한 용도로 유용하게 활용할 것이 틀림없습니다.

아는 만큼 보이고, 아는 만큼 들리며, 아는 만큼 할 수 있다는 말은 확실히 사실입니다. 알지 못하는 것을 듣거나 보거나 행할 수 없는 것처럼, 많이 알면 알수록 더 많은 것을 보고 듣고 행할 수 있습니다. 중세시대 사람들은 지구는 평평하고 수평선 너머는 끝이 없는 낭떠러지라고 생각했습니다. 그러나 크리스토퍼 콜럼버스는 지구가 둥글다는 사실을 알았기에 육안으로는 보이지 않는 대서양 너머의 신대륙을 볼 수 있었습니다. 베토벤은 그의 나이 49세이던 1819년, 평소 앓고 있던 귓병의 악화로 청력을 상실하고 말았습니다. 이 세상의 그 어떤 미세한 소리도 들을 수 없는 완전한 귀머거리가 된 것입니다. 그렇지만 악성(樂聖), 즉 음악의 성인으로 불릴 정도로 천재적인 음악성을 지니고 있던 그는 마음속에서 울려 퍼지는 운율을 계속 들을 수 있었고, 그 이후 1827년 57세를 일기로 세상을 떠날 때까지 계속 주옥 같은 작품들을 작곡하였습니다. 몇 해 전, 컴퓨터의 제왕인 마이크로소프트 사의 빌 게이츠 회장이 일반의 예상과는 달리, 자신은 수년이 지난 구형 노트북을 사용하고 있으며 그로 인해 아무 불편도 느끼지 않는다고 밝힌 적이 있습니다. 비록 구형 노트북일지라도 모든 기능을 100퍼센트 활용할 줄 아는 자에게는 컴퓨터의 기종과 연한이 조금도 문제 되지 않는 것입니다.

이처럼 아는 만큼 보이고, 아는 만큼 들리며, 아는 만큼 할 수 있다는 것은 동서고금 어디서나 예외가 아닙니다. 이런 관점에서 아는 것의 중요성은 아무리 강조해도 지나침이 없습니다. 문제는 무엇이든 그냥 저절로 알아지는 것은 아니라는 사실입니다.

2004년 12월 26일 인도네시아 수마트라 섬 인근 해저에서 발생한 지진 해일로 인한 사망자 수가 인도네시아인 17만 명을 포함, 남아시아 전역에서 무려 23만 명에 달하는 것으로 발표되었습니다. 부상자와 피해 주민의 수는 수백만 명으로 집계될 뿐, 정확한 수는 알 수도 없는 형편입니다. 사고 당시 해일이 무려 시속 800킬로미터의 속도로 해안을 강타했습니다. 시속 800킬로미터라면 비행기와 거의 맞먹는 속도입니다. 높이 30미터가 넘는 해일이 비행기 속도로 덮쳤으니 어느 누구, 무엇 하나 온전할 리가 만무했습

니다. 해일이 휩쓸고 지나간 지역은 문자 그대로 초토화, 남은 것
이라곤 폐허와 쓰레기더미뿐이었습니다. 기상대나 언론기관의 해
일 예보가 전혀 없었으니 피해 지역에 있던 사람들은 주민이나 관
광객을 막론하고 속수무책일 수밖에 없었습니다.

질문…… 그리고 해답

그러나 그 와중에서도 해일이 덮칠 것을 예견, 미리 대피한 수마
트라 섬 원주민의 이야기는 많은 것을 생각하게 합니다. 그들에겐 과
학적인 지식이나 첨단장비가 전혀 없었습니다. 그들은 단지 예사
롭지 않은 구름과 바람의 변화, 그리고 평소와는 다른 새와 동물들
의 움직임을 보고 천재지변이 일어날 것을 예감, 안전한 곳으로 대
피하여 생명을 지켰습니다. 같은 하늘 아래, 같은 구름과 같은 바
람 속에 거하고 있었지만, 그 구름과 바람의 변화가 의미하는 천재
지변을 미리 보고 듣고 대피할 줄 알았던 자는 최고의 휴양지를 건
설하거나 찾은 현대인이 아니라, 뜻밖에도 여전히 원시생활을 하
고 있는 원주민들이었습니다.

온 세상이 보이는 것 투성이인 것 같아도 아는 만큼만 보이고,
온 세상이 온갖 소리로 가득 차 있어도 아는 만큼만 들리고, 아무
리 첨단장비를 가졌어도 아는 만큼만 다룰 수 있습니다. 아는 것은

이렇듯 중요하지만, 그러나 무엇이든 절로 알 수 있는 것은 결코 아닙니다. 물론 절로 알 수 있는 것도 있긴 있습니다. 어린아이는 태어나면서부터 본능적으로 엄마의 젖을 빨 줄 알고, 나이가 들어가면서 밥을 먹을 줄도 알고, 혼자 놀다가 집을 찾아올 줄도 압니다. 그러나 그처럼 절로 알게 되는 것만으로는 동물과 크게 구별될 것이 없습니다. 그 정도는 동물 역시 모두 절로 익히는 것들입니다. 동물과는 달리 이성과 지성을 지닌 인간이 이지적(理智的)으로 살아가기에 필요한 것들은 절로 알아지지 않습니다.

콜럼버스가 죽음을 무릅쓰고 대서양을 횡단, 유럽인 최초로 신대륙에 발을 내디딜 수 있었던 것은 '수평선은 왜 직선이 아닌 곡선일까?'라는 질문을 품었고, 그것은 지구 자체가 평면이 아니라 둥글기 때문이라는 답을 알았기 때문입니다. 음악에 대해 남다른 질문을 지닌 자가 음악가가 되고, 자연의 원리에 대해 끊임없는 질문을 제기하는 자가 과학자가 됩니다. 컴퓨터가 지닌 각각의 기능에 대해 구체적인 질문을 지닌 자가 컴퓨터의 모든 기능을 100퍼센트 알고 활용할 수 있습니다.

이처럼 인간에게 필요한 지식이나 정보는 절로 알아지는 것이 아니라 반드시 질문을 통하여 알게 됩니다. 질문을 품지 않은 자는 지식과 정보의 홍수 속에서도 아무것도 얻을 수 없습니다. 질문이 없다는 것은 곧, 알아야 할 것이 없다는 말이기 때문입니다. 그러나 지적 질문과 그에 수반되는 지적 해답을 많이 아는 지성인이라고 해서 바른 인생에 대한 해답마저 지니고 있는 것은 아닙니다.
인간다운 인간의 삶을 살고 자신의 생명을 바르게 지키는 데 필요
한 것들 역시 절로 알아지는 것은 아닙니다. 그 또한 질문을 통해
서만 알 수 있습니다.

동일한 구름과 바람의 변화를 보고서도 휴양지의 지성인들은 대
수롭지 않게 생각한 반면, 상대적으로 지적 능력이 떨어지는 수마
트라의 원주민이 피신한 것은 그들만 질문을 제기했기 때문입니
다. 왜 오늘 구름이 저런 형상일까? 왜 오늘 바람은 예사롭지 않을
까? 왜 새와 동물들의 움직임이 심상치 않을까? 그들은 그것이 질
문임을 의식하지도 못하는 가운데 스스로 질문했고, 그들의 경험
상 그런 조짐 뒤엔 자연재해가 뒤따른다는 해답을 얻었기에 자신
들의 생명을 지킬 수 있었습니다. 그러나 그런 질문의 필요성조차
느끼지 못했던 휴양지의 지성인들은, 자신의 생명이 분명히 자기
것이었음에도 스스로 지켜낼 도리가 없었습니다.

자기 생명을 바르게 지키고 참되게 가꾸는 데에는, 21세기를 살
아가는 현대 지성인과 시대에 뒤떨어진 원주민의 구별은 아무 의
미가 없습니다. 참된 인생에 관한 한 오히려 시대를 천 년 이천 년
거슬러 올라간 옛사람일수록 더 많은 질문을 제기했고, 그로 인해
더 많은 해답을 지니고 있음은 인간의 역사가 증명해 주고 있습니
다.

인생은 줄만 당기면 자동으로 부풀어 오르는 구명조끼나, 버튼

만 누르면 저절로 달리는 장난감 자동차가 아닙니다. 오직 바른 질문과 해답 속에서만 바르게 일구어지고 보존됩니다. 참된 인생에 대해 질문하는 자만 바른 해답을 얻을 수 있다는 말입니다. 질문이 진지한 만큼만 얻어지는 해답도 진지해집니다. 참된 인생의 해답을 아는 만큼 인생이 보이고, 인생을 아는 만큼 인생이 들리고, 인생을 아는 만큼 인생을 바르게 구축(構築)할 수 있고, 인생을 아는 만큼 인생은 더욱 진지해집니다.

엑사고라즈

인생은 결코 거창하거나 멀리 있지 않습니다. 매순간 여러분을 스쳐 지나가고 있는 1초 1초가 쌓여 하루가 되고, 한달 한해가 되며, 결국 한평생이 됩니다. 시계를 들여다보십시오. 지금 1초 1초 움직이고 있는 그 초침이 바로 여러분의 인생입니다. 인간의 인생이 초침 위에 실려 있는 것입니다. 따라서 인생이란 시간이요, 시간은 곧 생명입니다. 우리가 지금 살아 있다는 것은 아직 우리에게 시간이 남아 있다는 말이요, 누군가가 오늘 죽었다면 그에겐 더 이상의 시간이 없음을 의미합니다. 이처럼 1초 1초 흘러가는 시간이 나의 인생이요 생명이라면, 여기서 우리는 중요한 사실을 깨닫게 됩니다. 우리가 하루하루 살아간다는 것은 하루분의 생명인 우리

의 시간을 무엇인가와 맞바꾸는 것을 뜻한다는 사실입니다. 오늘
도 하루가 지났습니다. 하루의 시간에 해당하는 우리의 생명이 지
나가 버린 것입니다.

그렇다면 질문을 하나 던져 보겠습니다. 오늘 여러분의 시간을,
아니 여러분의 생명을, 대체 무엇과 맞바꾸었습니까? 바꿀 만한
가치와 의미가 충분히 있는 것과 여러분의 생명을 바꾸었습니까,
아니면 어리석게도 물거품처럼 허망하기 짝이 없는 것과 바꾸었습
니까? 아니 자신이 지금 하나밖에 없는 자신의 소중한 생명을 대
체 무엇과 맞바꾸고 있는지 단 한 번만이라도 진지하게 생각해 보
신 적이 있습니까?

우리는 빈둥빈둥 놀기만 하는 사람을 향해 흔히 "세월을 아끼
라" 혹은 "시간을 아끼라"고 말하곤 합니다. 대체 세월을, 시간을
아낀다는 것은 구체적으로 무슨 뜻이겠습니까? 성경에도 '세월을
아끼라'는 똑같은 말이 있는데(에베소서 5장 16절), '아끼다'의 헬라
어 '엑사고라조'(exagorazo)는 '건져 올리다'는 뜻입니다. 시간을
아낀다는 것은 흔히 오해하듯 짧은 시간 내에 많은 양의 일을 처리
한다는 말이 아닙니다. 시간을 소중히 여겨 아낀다 함은 시간을
'건져 올리는' 것입니다. 인천 앞바다에 아무리 물고기가 많아도
건져 올리지 않으면 나와 전혀 무관하듯, 아무리 많은 시간이 나를
스쳐가도 그중에서 내가 건져 올린 시간만 실은 나의 시간이요, 그
시간만 나의 생명 나의 인생으로 남게 됩니다.

그렇다면 또다시 여러분에게 묻겠습니다. 오늘 우리에게는 하루라는, 똑같은 길이의 시간이 스쳐 지나갔습니다. 그 시간 중에 여러분은 과연 얼마만큼의 시간을 생명으로 건져 올렸습니까? 혹 무의미하게 그 모든 시간을 몽땅 허공으로 흩날려 버린 것은 아닙니까?

사람들은 누구나 오래 살기를 원합니다. 그러나 100년을 산다한들 건져 올린 시간이 없다면 그는 단지 헛인생을 산 불쌍한 사람일 뿐입니다. 건져 올린 생명이 없는 그는 이 세상을 떠나는 순간, 물거품처럼 허망하게 사라져 버린 100년을 뒤늦게 아쉬워하며 땅을 치고 통탄하면서 죽을 것이 분명합니다. 그러나 30대에 요절했더라도 대부분의 시간을 생명으로 건져 올린 자라면, 바로 그가 진정 장수한 사람입니다. 자신의 나이와 상관없이 여러분이 세상에 태어난 이래 여러분을 스쳐 지나간 시간 중 과연 얼마나 많은 시간을 참된 생명으로 건져 올렸습니까? 건져 올린 생명의 총길이가 성인이라 불리기에 충분할 정도로 깁니까, 아니면 아직 유아기의 수준에도 미치지 못하고 있습니까?

낚시꾼은 미끼를 사용하여 물고기를 건져 올립니다. 미끼는 낚시꾼의 인격 혹은 성품과는 아무 관련이 없습니다. 살인강도죄를 저지른 범법자도 적절한 미끼만 사용하면 얼마든지 물고기를 건져 올릴 수 있습니다. 물고기의 관심은 언제나 물속에 어른거리는 미끼이지, 물가에 앉아 있는 낚시꾼의 인격이나 성품이 아닙니다. 그러나 시간은 물고기와는 전혀 다릅니다. 시간을 생명으로 건져 올릴 수 있는 미끼는 어떤 경우에도 사람과 무관하지 않습니다. 사람이 곧 미끼이기 때문입니다.

인생의 절정기에 맞닥뜨린 질문

시간에는 양면성이 있습니다. 순식간에 사라져 버리는 찰나의 면이 있는가 하면, 결코 사라지지 않는 영원의 측면이 있습니다. 이 양면성 중 어느 면이 드러나는지는 그 시간을 맞는 사람의 태도와 중심에 달려 있습니다. 영원한 진리를 자기 중심에 품고 진리를 좇아 살아가는 자는 자신이 의식하든 하지 않든 상관없이 자신이 맞는 모든 시간을 영원으로 건져 올릴 수 있습니다. 그러나 세상에서 아무리 출세한 자라도 영원을 품고 있지 않다면, 설령 100년을 산다 한들 그 모든 시간은 그야말로 찰나와 같이 허망하게 사라질 뿐입니다. 영원은 오직 영원을 품은 자의 것이 됩니다. 영원을 품은 자는 찰나조차 영원으로 건져 올릴 수 있고, 영원한 것만 참됩니다. 그래서 자신의 시간을 참된 생명으로 건져 올리는 것은, 각 사람의 중심 그리고 삶의 태도와 불가분의 관계를 이루고 있습니다.

저는 독실한 크리스천이었던 어머니에게서 태어났습니다. 이를테면 어머니 뱃속에서부터 신앙을 가졌던 셈입니다. 출생 이후 어머니를 따라 한 주도 거르지 않고 교회를 다니면서 크리스천으로 성장한 저는, 크리스천이란 저의 정체성에 대해 한 번도 의심해 본 적이 없었습니다. 심지어는 청년시절 방탕에 빠져 전형적인 '선데이 크리스천'의 삶을 살면서도, 신앙 양심상 가책은 느꼈을지언정 제가 크리스천이 아니라고 자단(自斷)한 적은 없었습니다. 그러나 저는, 크리스천이란 영원한 진리를 품고 진리를 좇아 사는 자이어야 함을 몰랐습니다. 이를테면 외형적으로는 전형적인 크리스천이었지만 내적으로는 전혀 그렇지 못했습니다. 그런 상태에서는 시간을 참된 생명으로 건져 올릴 도리가 없었습니다.

1979년 이른 봄의 일입니다. 당시 외국 항공회사 총대리점 사업을 하던 저는 꽤 많은 돈을 벌었고, 그 돈으로 향락을 탐닉하고 있었습니다. 어느 날 토요일 오후 외국인 한 명이 제 사무실을 찾아왔습니다. 외국 항공회사에서 파견된 그는 한 달째 총대리점을 찾고 있었지만 마땅한 업체를 만나지 못하고 있었습니다. 그날 성북동에 있는 요정에서 밤을 새워 술을 마시면서 그와 나는 의기투합, 서로 파트너가 되기로 합의하였습니다. 이튿날 아침 나는 그와 함께 그의 직속상관이 있는 일본 오사카로 향했습니다. 그리고 그날 저녁식사를 하며 그의 직속상관과도 합의를 이루어 내었습니다. 다음날, 그러니까 월요일 아침 나는 다시 홍콩으로 날아갔습니다. 계약서에 서명할 최종 결재권자가 홍콩에 있었기 때문입니다. 그리고 화요일 오전 홍콩에서 최종 결재권자와 계약을 체결한 뒤 그 날 오후 서울행 비행기에 몸을 실었습니다. 적지 않은 업체들이 그 항공사와 계약하기를 원했지만 실패한 반면, 만 사흘이 지나기도 전에 일본, 홍콩을 거쳐 계약에 성공하고 귀국하는 저의 흥분된 마음은 비행기 안에서 고무풍선처럼 마냥 날아올랐고, 제 머리는 이 제 새로운 계약으로 벌어들일 연간 수익을 계산하느라 바쁘게 움 직이고 있었습니다. 그런데 갑자기 제 등 뒤에서 나지막한, 그러나 분명한 음성이 들렸습니다.

"재철아, 그 많은 돈으로 도대체 너는 무엇을 하려느냐?"

깜짝 놀라 뒤돌아보았지만, 아무도 없었습니다. 잠시 후 똑같은 소리가 한 번 더 들렸습니다. 이번에는 제 마음속 깊은 곳으로부터 울려 퍼지는 소리였습니다. 두 번에 걸친 그 질문 앞에서 저는 곰 곰이 생각해 보지 않을 수 없었습니다. 대체 나는 무엇을 위해 이 처럼 돈에 혈안이 되어 있는가? 오직 돈을 위해 밤잠을 설쳐 가며 이 나라 저 나라를 누비고 다니는 까닭이 무엇인가? 하지만 불행 하게도 그 당시 제게는 정확한 답이 없었습니다. 돈을 벌어 원하는 것을 무엇이든 하겠다는 진부한 답을 넘어 그 다음에는 무엇을 하 겠느냐, 궁극적으로 내 존재의 이유가 무엇이냐는 본질적 질문의 장벽 앞에 가로막히고 만 것입니다. 저는 승무원에게 술을 시켜 마 신 뒤 그 질문을 훌훌 털어 버리고 잠에 곯아떨어졌습니다.

그러나 귀국 후 그 질문이 저의 뇌리에서 되살아났습니다. 답도 없는 질문에 사로잡혀 있던 저는 다섯 개에 이르던 사업 부서를 모두 친구들에게 맡긴 뒤, 하루하루 깊은 방탕의 늪 속으로 침몰해 갔습니다. 매일 술독에 빠져 있음은 말할 것도 없고, 집 한 채 값이 왔다 갔다 하는 도박을 며칠 밤낮으로 계속하기도 했고, 심지어는 마리화나에까지 손을 대기도 했습니다. 그러나 그 모든 것이 제게 기쁨을 주기는커녕 오히려 더 큰 공허함만 안겨 주었고, 그 공허함을 이기기 위해 더 깊은 방탕의 나락으로 빠져드는 악순환이 끝도 없이 계속되었습니다. 저는 무작정 자기 일을 확장하려거나, 혹은 스스로 방탕의 늪으로 침잠하는 사람들의 심리를 잘 알고 있습니다. 그들은 모두 가장 본질적인 질문인 자기 존재 이유에 대한 해답을 갖지 못한 자들입니다. 자신이 이 세상에 존재해야 하는 참된 이유를 알지 못하는 자는 욕망의 노예가 되거나 욕정의 포로가 되게 마련인데, 당시의 저는 후자의 경우에 해당하였습니다.

물론 저는 사업을 시작할 때 회사 창립의 명분을 하나님의 영광에서 찾았습니다. 하나님의 영광을 위해 회사를 경영하겠다고 천명한 것입니다. 그러나 제가 다니던 교회, 그리고 여러 선교단체와 자선단체에 헌금하고 일요일 교회에서 봉사하는 것을 제외하고는 하나님의 영광을 위한 삶이 무엇인지 구체적으로 알지 못했습니다. 하나님을 믿는다면서도 제 중심으로 하나님의 말씀, 즉 영원한 진리를 품으려 하지는 않았기 때문입니다. 당시의 제게 하나님은 주머니 속에 넣어 두었다가 필요할 때만 꺼내는 부적 정도에 지나지 않았습니다. 그런 제가 제 젊음을 참된 생명으로 건져 올릴 수는 없는 노릇이었기에, 저의 청년시절은 산산조각으로 부서져 의미도 없이 허공 속으로 사라져 버리고 말았습니다.

몇 년이 지나 제 나이 서른여섯 살이 되던 해, 제 아내를 통해 하나님을 인격적으로 만났을 때 그제야 비로소 저는 제 존재이유에 대한 해답을 찾았습니다. 제 존재이유는 저를 창조하신 하나님이셨습니다. 제가 살아야 할 궁극적인 이유는 그분과 바른 관계를 맺고 그 관계를 심화(深化)하는 것이요, 허공 속으로 허망하게 사라져 버릴 나의 시간을 그분의 말씀 안에서 영원하고도 참된 생명으로 건져 올리는 것이었습니다.

그때 저는 한 인간이 크리스천으로 교회생활을 열심히 한다는 것과, 하나님을 자신의 존재이유로 믿고 자기 삶의 주인으로 모셔 들여 그분의 말씀을 품고 산다는 것은 전혀 다른 차원의 이야기임을 절감하였습니다. 만약 그때까지 제 마음속에 내재되어 있던 질문, 존재이유에 대한 본질적인 질문이 없었더라면 아직도 이 소중한 해답을 찾지 못했을 게 분명합니다. 이런 의미에서 26년 전 홍콩발 비행기 속에서 돈 계산에 몰두한 저를 향해 두 번씩이나 본질적인 질문을 던져 주셨던 분이 하나님이심을 확신하면서, 나를 수렁에서 건져 주신 하나님께 깊이 감사드리고 있습니다.

인생에도 사용설명서가 있다!

하나님의 말씀인 성경은 그 첫 구절이 다음과 같이 시작되고 있습니다.

태초에 하나님이 천지를 창조하시니라(창세기 1장 1절)

하나님의 천지창조에 인간 역시 포함되어 있음은 두말할 나위도 없습니다. 중요한 것은 이 말씀을 믿고 받아들이느냐 아니냐에 따라 인간의 삶이 판이하게 달라진다는 사실입니다.

창조주의 창조를 거부한다면 인간은 결국 원숭이의 후예일 수밖에 없습니다. 아무리 높은 식견과 경륜을 갖추었다 해도 제법 진화된 원숭이에 지나지 않습니다. 모든 원숭이가 결국엔 한줌의 흙으로 소멸되어 버리듯, 원숭이의 후예인 인간 역시 공동묘지의 흙으로 사라져 버릴 뿐입니다. 더욱이 원숭이의 존재이유는 철저한 자기 본능입니다. 그런 원숭이의 후예인 인간이 아무리 오랜 세월을 산들 그 세월을 참된 생명으로 건져 올릴 도리는 없습니다. 참된 것은 어떤 경우에도 변함이 없는 것이기에, 참된 것이 영원 아닌 것으로부터는 절대로 비롯될 수가 없습니다. 그러나 하나님께서 자신을 창조하셨음을 믿는 자에게 하나님은 자신의 존재이유요, 자기 존재이유인 하나님의 말씀은 자기 시간을 참된 생명으로 건져 올려 주는 원동력이 됩니다.

이 세상의 모든 제품에는 제조자의 사용설명서가 붙어 있습니다. 그 설명서를 무시하면 제품을 망치게 마련입니다. 사람들은 고가의 제품일수록 제조자가 제공한 설명서의 내용을 더욱 철저하게 따릅니다. 값비싼 제품 사용설명서를 놓고, '이 내용은 분명히 거짓말일 거야' 하고 불신하는 사람은 없습니다. 제품을 만든 제조자가 제품에 대해 가장 정확하게 알고 있음을 믿기 때문입니다. 하나님께서 자신을 창조하신 것을 믿는 자에게 하나님의 말씀은 '인생 사용설명서'입니다. 인간을 창조하신 하나님께서 인간이 참된 인생을 건져 올릴 수 있도록 인간에게 주신 인생 사용설명서가 하나님의 말씀, 곧 성경입니다.

이 세상의 제품은 아무리 사용설명서대로 사용해도 언젠가는 수명이 다하게 되어 있습니다. 그러나 하나님께서 주신 인생 사용설명서는 영원한 사용법입니다. 그 사용법을 따르면 인간의 죽음은 종착역이 아니라 전혀 새로운 삶의 시작이 됩니다. 영원한 사용법을 좇아 참된 생명으로 건져 올려진 자는 이미 영원에 접속되어 있기 때문입니다. 그 사실을 알고 믿는 자는 하나님의 말씀을 온 중심을 다해 품게 됩니다. 그것만이 참된 생명으로서의 자기 존재이유인 까닭입니다.

자동판매기에 온갖 상품이 들어 있어도 그냥 나오는 법은 없습니다. 자동판매기가 요구하는 금액의 돈을 반드시 투입, 그 돈을 자동판매기가 품도록 해 주어야 합니다. 인생도 이와 같습니다. 인생 사용설명서인 하나님의 말씀을 자기에게 투입, 그 말씀을 자신의 온 중심으로 품을 때에만 사람다운 삶을, 영원하고도 참된 인생을 건져 올릴 수 있습니다. 자동판매기에 한 번 돈을 넣었다고 계속 원하는 물건을 가질 수 있는 것은 아닙니다. 필요할 때마다 다시 돈을 투입해야만 합니다. 그러나 하나님의 말씀은 그렇지 않습니다. 하나님의 말씀을 온 중심을 다해 품기만 하면 언제나 그 말씀으로 인생을 바르게 건져 올릴 수 있습니다. 하나님 말씀의 효력은 자동판매기의 동전처럼 일회용이 아니라 영원하기 때문입니다.

하나님의 말씀이 인간의 육신을 입고 인간 세상 속으로 오셨던 분이 예수 그리스도이십니다. 로고스(*Logos*), 즉 말씀 그 자체이신 예수님께서는 돌아가신 지 사흘 만에 무덤을 깨트리시고 부활하심으로, 인간이 하나님의 말씀 안에서 자신을 영원한 생명으로 건져 올릴 수 있음을 친히 보여 주셨습니다. 그 예수님께서 이 땅에 계시는 동안 눈먼 자의 눈을 열어 주셨습니다. 보지 못하던 자에게 볼 수 없던 것을 보게 해 주신 것입니다. 귀머거리의 귀도 뚫어 주셨습니다. 듣지 못하던 자에게 들을 수 없던 것을 듣게 해 주신 것입니다. 그뿐 아니라 이스라엘 변방 중의 변방인 갈릴리 호숫가의 빈민, 일자무식꾼에 지나지 않던 어부들을 인류의 역사를 새롭게 하는 당신의 제자로 세워 주셨습니다. 보잘것없던 자에게 할 수 없던 것을 하게 해 주신 것입니다.

아는 만큼만 보이고, 아는 만큼만 들리고, 아는 만큼만 행할 수 있다고 했습니다. 예수님을 알고 믿는 자는, 그분을 인생의 주인으로 자기 중심에 모신 자는, 그분의 말씀을 온 중심으로 품은 자는 평소 볼 수 없던 것을 보게 됩니다. 그는 보이는 것 속에서 보이지 않는 영원한 것을 두 눈으로 볼 수 있습니다. 인간의 눈에 보이는 것이라면 그것이 아무리 화려해 보여도 실은 쇠퇴와 소멸 중에 있는 것이요, 영원한 것은 보이지 않는 것임을 똑똑히 보게 됩니다. 그 영원의 빛 속에서 진정 무엇이 크고 무엇이 작은지, 무엇을 취하고 무엇을 버려야 할 것인지, 무엇을 받아들이고 무엇을 피해야 할 것인지를 확연하게 볼 수 있습니다.

하나님의 말씀을 품은 자는 평소 들을 수 없던 것을 듣게 됩니다. 그는 봄날 피어오르는 새싹 속에서, 가을에 떨어지는 낙엽 속에서, 동녘에 떠오르는 아침 햇살과 서산으로 기우는 황혼 속에서 하나님의 말씀을 듣습니다. 이웃의 미담을 통해서만이 아니라, 사회면을 어둡게 장식한 인간의 각종 범죄 기사 속에서도 하나님의 음성을 듣습니다. 전철 안에서 재잘거리는 청소년의 대화와, 이마에 깊은 주름이 팬 노인의 한숨 속에서도 하나님의 교훈을 듣습니다. 외딴 산길에 평화로이 피어 있는 들꽃은 말할 것도 없고, 포탄이 비 오듯 쏟아지는 전장의 포화 속에서도 하나님의 가르침을 듣습니다.

그뿐이 아닙니다. 하나님의 말씀을 품은 자는 평소 할 수 없던 것을 할 수 있게 됩니다. 그가 비록 세상에서는 보잘것없어 보여도 어둔 세상을 비추는 진리의 등불이 될 수 있습니다. 자기 존재이유를 알지 못하는 자들에게 그 해답을 제시해 줄 수도 있고, 자기 생을 허망하게 흩날려 버리는 자로 하여금 생을 바르게 건져 올리게끔 이끌어 주는 인생의 길잡이가 될 수도 있습니다. 그가 품고 있는 말씀이 천지를 창조하신 하나님의 전능하신 말씀이기에, 그 말씀의 능력으로 볼 수 없던 것을 보고, 들을 수 없던 것을 들으며, 행할 수 없던 것을 행하게 되는 것입니다.

이처럼 모든 것이 자명하지만, 그러나 누구나 예외 없이 하나님의 말씀을 품고 사는 것은 아닙니다. 대체 자신이 무엇을 위해 사는지, 자신의 존재이유가 무엇인지, 궁극적인 삶의 목적이 무엇인지 질문한 자만 그 해답으로 하나님의 말씀을 품고 살 수 있습니다. 질문이 진지하면 진지할수록 하나님의 말씀을 더욱 진지하게 품게 됩니다. 자신에 대해 진지하게 질문해 본 사람은, 적어도 그가 진화된 원숭이가 아니라면, 자신을 창조하신 하나님의 말씀 이외에는 다른 해답이 없음을 알기 때문입니다.

당신은, 어디에서 왔는가?

약 10여 년 전에 크리스천이 되었던 한 분을 잊을 수가 없습니다. 당시 그분은 은퇴를 앞둔, 이를테면 인생 종반전에 들어선 분이었습니다. 어느 날 자신의 지난 인생을 되돌아보던 중 그분은, 응당 알고 있어야 할 중요한 사실들을 전혀 알지도 못한 채 살아왔음을 깨달았습니다. 첫째, 그분은 은퇴를 목전에 두기까지 긴 세월을 살았음에도 막상 인생이 무엇인지 모르고 있었습니다. 자신이 세운 목표를 달성하느라, 앞만 보고 달려오느라, 인생이 무엇인지 생각할 겨를조차 없이 허겁지겁 살아온 것이었습니다. 둘째, 그분은 베풂을 전혀 모르고 살아왔습니다. 처음에는 경제적 여유가 없어서, 그 다음에는 치열한 경쟁에서 무조건 이기려다 보니 정신적 여유가 없어서 베풂과는 무관하게 살았습니다. 베풂은커녕 오히려 자신의 성공을 위해 많은 사람에게 피해를 입혔다는 자괴심을 지울 수 없었습니다. 셋째, 그분은 아내를 알지 못한 채 평생 아내와 살아온 자신을 발견하였습니다. 밤낮으로 바깥일에 매달려 사느라, 자신의 분신과도 같은 아내가 어떤 사람인지 전혀 모르고 살아온 것이었습니다. 외형적으로는 출세한 것 같았지만, 막상 가장 중요한 것에는 무지한 채 헛인생을 살아온 셈이었습니다. 그래서 그분은 자발적으로 크리스천이 되었습니다. 자신이 알지 못했던 것들을 바르게 알기 위해서는 종교를 가져야겠고, 종교를 가질 바에야 가까운 사람들이 권하는 기독교가 낫겠다고 생각한 것입니다.

그 후 그분은 참으로 진지하게 하나님의 말씀을 받아들였습니다. 인생이 무엇인지 아는 것도, 베풂의 삶을 실천하는 것도, 아내를 바르게 알고 바르게 사랑하는 것도 모두 인생 사용설명서인 하나님의 말씀 안에서만 가능함을 알았기 때문입니다. 인생 사용설명서를 도외시하고서는 인생을 바르게 건져 올릴 도리도 없고, 남에게 베풀거나 아내를 사랑한다지만 그 기준이 자기 이기심이기에 도리어 상처를 주기 일쑤입니다. 그분이 은퇴의 시기에 이르기까지 반드시 알아야 할 세 가지 사항을 모르고 살았다는 것은 한편으로는 그지없이 아쉬운 일이지만, 비록 늦게나마 하나님의 말씀 안에서 알아야 할 해답을 찾았다는 것은 더없이 다행한 일입니다. 그렇지 않았더라면 이미 노년에 이른 지금까지도 겉으로는 경륜을 갖춘 것 같으나, 실은 가장 중요한 것에 무지한 어리석은 삶을 반복하고 있을 것이기 때문입니다.

그러나 그 해답은 절로 얻어진 것이 아닙니다. 뒤늦게나마 반드시 알아야 할 해답을 얻을 수 있었던 것은 그분 스스로 질문을 제기했기 때문입니다. 도대체 인생이란 무엇인가? 베풂 없는 삶이 과연 의미와 가치를 지닐 수 있는가? 나와 살을 맞대고 살아가는 나의 아내는 구체적으로 어떤 사람, 어떤 존재, 어떤 인격체인가? 그의 질문은 진지했고, 그의 질문이 진지했던 만큼 그분이 얻은 답도 진지했습니다. 그분은 하나님의 말씀 속에서 인생에 대해, 더불어 사는 삶에 대해, 사랑하는 아내에 대해 그동안 볼 수 없던 것을 보게 되었고, 들을 수 없던 것을 듣게 되었으며 행할 수 없던 것을 기꺼이 행하게 되었습니다. 한마디로 하나님의 말씀 속에서 자신의 생을 비로소 진지하게 건져 올릴 수 있게 된 것입니다.

아는 만큼 보이고, 아는 만큼 들리고, 아는 만큼 행할 수 있습니다. 그러나 참된 인생에 필요한 것들은 거저 알아지지 않습니다. 인생에 대해 질문을 지닌 자만 해답을 알 수 있고, 질문이 진지한 만큼 해답도 진지해지며, 해답이 진지한 만큼 인생을 진지하게 건져 올릴 수 있습니다.

사랑하는 여러분!

여러분은 이제까지 자신의 인생에 대해 어떤 질문들을 지니고 있었습니까? 더 많은 돈을 벌고, 더 높은 지식을 소유하기 위한 질문은 숱하게 지니고 있으면서도 정작 참된 인생을 위해서는 단 한 번도 질문을 제기해 본 적이 없었다면, 현재의 직위와 직책 그리고 외적 조건이나 상황과 상관없이 여러분은 지금까지 자신의 생을 허공 속으로 흩날려 버린 자임에 틀림없습니다. 자기 생을 놓고 단 한 번도 진지하게 생각해 본 적이 없는 자가 자신의 시간을 참된 생명으로 건져 올릴 리는 만무하지 않습니까?

이제 제가 여러분을 대신하여 여러분에게 질문을 던지겠습니다. 여러분은 대체 누구입니까? 여러분은 어디에서 왔습니까? 원숭이로부터입니까, 하나님으로부터입니까? 여러분은 지금 무엇을 위해 살고 있습니까? 오늘 하루 여러분의 생명을 무엇과 맞바꾸었습니까? 여러분은 여러분의 가족이 어떤 인격체인지 진정으로 알고 있습니까? 여러분의 삶의 본질은 무엇이며, 여러분이 이 세상에 존재해야 할 궁극적인 이유는 무엇입니까? 어느 날 불현듯 죽음이 여러분을 덮칠 때 여러분은 어디로 가는 것입니까? 공동묘지 속에 시체로 드러누운 여러분의 사지(四肢)가 썩어 문드러질 때, 그때 여러분은 과연 어떻게 되는 것입니까?

이 모든 질문의 해답은 하나님의 말씀 속에 들어 있습니다.

> 태초에 하나님이 천지를 창조하시니라

여러분이 원숭이의 후예가 아니라면, 여러분을 인간으로 창조하신 하나님의 말씀 속에서 해답을 찾으십시오. 해답을 찾는 만큼 참되고도 영원한 인생을 건져 올릴 수 있습니다. 진리로 건져 올린 인생이 이 세상의 그 어떤 보석보다 더욱 황홀함은, 그 인생은 이미 영원하기 때문입니다.

✣

하나님! 오늘 이 시간 인생에 대한 본질적인 질문을 던져 주셔서 감사합니다. 그 질문의 해답을 인생 사용설명서인 하나님의 말씀 속에서 찾게 하옵소서. 하나님의 말씀 속에서 볼 수 없던 것을 보고, 들을 수 없던 것을 듣고, 행할 수 없던 것을 행하게 하옵소서.

그리하여 이 세상 그 어떤 보석보다 더욱 값진 인생을 건져 올리는, 참된 생명의 영원한 기쁨을 누리게 하옵소서. 아멘.

시간은 공간이다

여호와 하나님이 아담을 부르시며
그에게 이르시되 네가 어디 있느냐 ●창세기 3장 9절

'시간은 역류한다'

우리 인생은 시계의 초침 위에 실려 있다고 했습니다(〈질문 있습니까?〉 참조). 매순간 우리를 스쳐 지나가는 1초 1초가 쌓여 하루가 되고, 한달 한해가 되며, 우리 각자의 한평생이 됩니다. 한마디로 인생이란 시간이요, 시간이 곧 생명입니다. 그렇다면 시간이란 도 대체 무엇인지 더 깊고 정확한 이해가 절실하게 요구됩니다. 시간을 바르게 이해하는 자가 자기 생명, 즉 자기 인생을 바르게 구축할 수 있습니다.

일반적으로 사람들은 시간을 유수(流水), 다시 말해 흐르는 강물에 비유합니다. 어제 태백산맥에서 발원한 한강 물이 오늘 서울을 거쳐 내일 서해의 일부가 되듯이, 시간 역시 과거 현재 미래의 순으로 흘러간다는 인식 때문입니다. 이런 인식은 부지중에 시간이 인간의 의지 밖에 있음을 의미하고 있습니다. 강물은 나의 의지와 무관하게 흐릅니다. 내가 멈추기를 바랄 때도 강물은 흐르게 마련이고, 돌아가기 원할 때에도 제 길을 따라 흘러갈 뿐입니다. 그렇다면 그 유수에 비유되는 시간 역시 마찬가지 아니겠습니까? 시간은 내 의지를 좇아 멈추거나 속도를 조절해 주지 않습니다. 내 의지와는 상관없이 밤과 낮은 흐르고 계절은 바뀝니다. 나의 동의를 구하지 않고 백발이 돋으며, 내 의사를 아랑곳하지 않고 이마엔 깊은 주름이 팹니다. 이런 관점에서 시간을 유수로 이해하는 것은 적절해 보입니다.

그러나 《고백록》의 저자로 널리 알려진 아우구스티누스는 정반대의 시간관을 갖고 있었습니다. 시간이 과거에서 현재를 거쳐 미래로 흘러가는 것이 아니라, 미래에서 시작된 시간이 현재를 향해 다가왔다가 과거로 역류한다는 인식이었습니다. 이처럼 시간의 역류를 믿는 자는 시간을 유수로 간주하는 자보다 훨씬 적극적으로 살아갈 수 있습니다. 유수 앞에서는 사람들이 구경꾼이나 방관자가 되기 쉽습니다. 강둑에 앉아 무심코 강물을 바라보거나 시를 읊을 수도 있고, 강 위에서 뱃놀이를 즐길 수도 있습니다. 그러나 갑자기 근처의 둑이 터져 집채 같은 강물이 자신을 향해 몰려드는 경우를 상상해 보십시오. '아, 강물이 덮쳐 오는구나' 하며 그 상황을 느긋하게 감상하거나 방관하는 자는 없을 것입니다. 어느 누구라도 그 물살을 뚫고 나가든지 아니면 피해 달아나든지, 어떤 방식으로든 그 상황에 적극적으로 대응할 것입니다. 동일한 이치로 시간의 역류를 믿는 자 역시 자신을 향해 정면으로 밀려드는 시간 앞에서 매사에 적극적으로 임할 것입니다.

또한 시간이 미래에서 과거로 역류한다는 인식〔逆流觀〕은 시간이 유수처럼 과거에서 미래로 흘러간다는 인식〔流水觀〕에 비해 더 사려 깊은 삶을 가능케 하는 장점도 지니고 있습니다. 시간이 과거에서 현재를 거쳐 미래로 흘러간다는 시간관을 지닌 자들 중에 자신의 미래에 남다른 관심을 가진 자는 자기 꿈과 비전을 미래에 투사, 자신이 소망하는 미래의 자기 모습을 그려냅니다. 그리고 그 미래의 모습에 자신을 맞추기 위해 현재의 시간 속에서 부단한 노력을 기울입니다. 하지만 그 미래의 모습이란 자신이 꿈꾸는 허상일 뿐 자신의 실상이 아닙니다. 사람들은 그런 자를 장래성이 있다고 평하지만, 실은 허상에 불과한 허구의 삶을 좇느라 인생을 허비하는 경우가 허다합니다. 요행히 자신이 그린 미래의 모습과 자신을 일치시키는 데 성공한 자라 할지라도, 과거에 그가 미래를 향해 투사했던 꿈과 비전의 뿌리가 대부분 욕망이거나 야망인 탓에, 그가 가시적인 업적을 이루면 이룰수록 그의 인생은 더욱 허망하게 끝나기가 쉽습니다. 본래 욕망이란 것 자체가 물거품처럼 실체가 없기 때문입니다. 욕망에 사로잡혀 미래를 향해 치열하게 내달린 사람일수록, 죽음 앞에서 자기 생에 대해 더 큰 회한을 갖는 이유가 여기에 있습니다.

그러나 시간이 미래에서 현재를 거쳐 과거로 역류한다는 시간관을 지닌 자는 현재의 시점에서 미래를 내다보는 것이 아니라, 다가오는 미래의 관점에서 현재를 바라봅니다. 대부분의 사람들은 항상 그때 조금 더 열심히 할 걸, 그때 최선을 다할 걸, 하며 이미 지난 과거를 아쉬워합니다. 이런 사람들일수록 바로 지금 이 순간이 미래의 어느 날 후회할 과거가 된다는 사실을 간과합니다. 그 결과 일평생 지난 시간을 후회만 하다가 인생의 마침표를 찍게 됩니다. 하지만 시간의 역류관을 지닌 자는 미래의 시점에서 현재의 자신을 관조하면서 미래에 후회하지 않을 현재의 자신, 즉 허상이 아닌 현재의 자기 실체를 곧추세우게 됩니다. 이런 면에서 시간의 역류를 믿는 자는 시간을 유수로 여기는 자에 비해 더 사려 깊게 살 수 있습니다.

시간은 변하지 않는다, 우리가 변할 뿐

시간의 역류관과 유수관 사이에 이와 같은 뚜렷한 차이가 있음에도 불구하고 양자간에는 한 가지 공통점이 있습니다. 시간이 과거에서 미래로 유수처럼 흘러가든, 혹은 미래에서 과거로 역류하든, 단지 흐름의 방향만 다를 뿐 시간이 움직인다는 데엔 아무런 차이가 없다는 것입니다. 어느 방향으로든 시간 자체가 움직인다는 인식 속엔 하나의 대전제가 이미 깔려 있습니다. 즉, 흐르고 움직이는 시간이 늘 변하는데 반해 그 시간을 맞는 우리는 불변하다는 전제입니다. 앞으로 흐르든 거꾸로 역류하든 움직이는 것은 강이요, 강둑에 서서 그 강을 바라보는 나는 멈추어 있는 것과 같습니다. 이것이 진정 올바른 인식이겠습니까? 흐르고, 움직이고, 변하는 것은 시간이요, 그 시간을 맞는 우리는 과연 불변입니까? 전혀 그렇지 않습니다. 오히려 그 반대입니다. 흐르고 변하는 것은 시간이 아니라 언제나 우리 자신입니다.

지금 우리가 시간이라고 부르는 것은 애초에는 없었습니다. 우리가 말하는 시간이란 인간의 편의에 따라 인간이 만든 것으로, 그 기준은 만물이 변하는 속도입니다. 지구가 태양 주위를 한 번 공전하는 변화의 속도를 1년, 지구가 자전하는 변화의 속도를 하루, 하루의 변화 속도를 24시간, 1시간의 변화 속도를 60분, 그리고 1분의 변화 속도를 60초로 정한 것은 인간입니다. 그러므로 본래 존재하지 않았던 시간은 항상 한 자리에 고정되어 있고, 그 고정된 시간판 위에서 우리가 하루하루 변해 가는 것이 인생입니다. 디지털 시계든 아날로그 시계든 시계를 들여다보면 지금도 초침이 1초 1초 움직이고 있습니다. 그러나 실제로 움직이거나 변하는 것은 시간이 아니라, 그 1초 1초의 속도로 우리 자신이 지금 이 순간 변해 가고 있습니다. 1년의 시간이 흘렀다면 시간 자체가 변했다는 말이 아니라, 우리 자신이 1년의 길이만큼 더 변하고 쇠퇴하였음을 의미합니다.

시간과 관련하여 이것은 대단히 중요한 깨달음입니다. 시간이 흐르거나 역류한다는 인식 속에서는 스스로 움직이는 시간이 주체요, 그 시간의 변화를 제어할 수 없는 우리는 우리의 의지와는 무관하게 변하는 시간의 객체에 지나지 않게 됩니다. 시간의 객체에 불과한 우리는 시간의 흐름과 시류, 세상풍조에 떼밀려 살 수밖에 없습니다. 객체는 언제나 객체일 뿐, 어떤 경우에도 객체가 주체를 주도적으로 이끌 수는 없습니다. 그러나 시간은 항상 불변이요, 고정된 시간판 위에서 우리 자신이 하루하루 변해 가는 것이 인생임을 자각하면 우리 자신이 곧 시간의 주체가 됩니다. 시간의 주체인 우리는 자발적으로 우리 변화의 방향과 내용을 스스로 결정할 수 있고, 쇠퇴의 의미와 가치를 극대화할 수 있습니다. 더 이상 우리의 의지와 무관한 시간의 변화에 휘둘리지 않을 수 있다는 말입니다. 따라서 시간과 관련하여 흐름과 변화의 주체를 시간 자체로 인식하는 자와 자기 자신으로 자각한 자, 다시 말해 시간의 객체로 살아가는 자와 스스로 시간의 주체가 된 자의 인생이 내용적으로나 질적으로나 동일할 수는 없습니다.

더욱 중요한 사실은, 고정된 시간판 위에서 우리 자신이 변하는 것이 인생임을 깨달은 자에게는 시간과 공간이 더 이상 구별되지 않는다는 것입니다. 그에게는 시간이 곧 공간이 됩니다. 우리가 말하는 시간이 실제로는 우리 자신의 변화 속도를 의미한다면, 그 변화의 구체적인 내용과 결과는 우리 각자의 공간을 통해 가시적인 모습으로 드러나게 됩니다. 이를테면 생명이 시간이요, 시간은 곧 공간이기에, 생명과 공간 역시 불가분의 관계를 이루고 있습니다.

한마디로 생명, 시간, 공간은 셋이 아닌 하나입니다. 이제 이것을 이해하기 쉽게 설명해 보겠습니다.

생명 · 시간 · 공간은 하나다

제가 살고 있는 마포구 합정동의 저희 집 앞에는 양화진 외국인 선교사 묘원이 있습니다. 그곳은 묘역 한가운데 자리 잡고 있는 예배당을 중심으로 앞쪽과 뒤쪽이 확연하게 구분되어 있습니다. 예배당 앞쪽은 콘크리트 광장이고 뒤쪽은 묘지로 조성되어 있습니다. 여름에 비가 내리면 묘지 쪽에 살던 지렁이들이 물을 따라 콘크리트 광장으로 나옵니다. 평소 맨땅에 사는 지렁이들에게 물에 젖은 콘크리트 광장은 거대한 아방궁이거나 대형 놀이동산처럼 비치는 게 분명합니다. 그렇지 않고서야 비가 올 때마다 콘크리트 광장을 향한 지렁이의 행렬이 그토록 이어질 리는 없습니다. 문제는 기분 좋게 콘크리트 광장으로 진출한 지렁이 중에 상당수가 비가 그친 후 묘지 쪽으로 되돌아가지 못한다는 것입니다. 동서남북이 온통 콘크리트 바닥이다 보니 대체 어느 방향으로 가야 맨땅이 나오는지를 모르는 것입니다. 정신없이 콘크리트 광장을 헤매다 운 좋게 맨땅에 이르는 지렁이는 구사일생으로 목숨을 건지지만 그러지 못한 지렁이들은 기진맥진, 결국 콘크리트 바닥 위에서 말라죽고 맙니다. 비온 뒤 그곳으로 산책을 나가면 햇볕 속에서 말라비틀어진 지렁이의 시체를 으레 발견할 수 있습니다.

말라죽은 지렁이에 대해 생각해 보십시오. 비가 내리기 시작한 시점부터 비가 그친 뒤까지의 시간이 지렁이에게 어떤 모습으로 구체화되었습니까? 구체적인 공간의 변화로 나타났습니다. 첫째는 지렁이의 몸뚱이라는 공간의 변화입니다. 지렁이는 우주 공간 속에서 작은 원통형의 공간을 지닌 환형동물입니다. 그런데 그 원통형 공간이 이리저리 기어 다니던 생명체에서 말라죽은 시체로 바뀌고 말았습니다. 둘째는 지렁이가 거하는 공간의 변화입니다. 본래 맨땅이어야 할 지렁이의 거주 공간이 콘크리트 광장으로 변했습니다. 마지막으로는 지렁이의 주위 공간의 변화입니다. 그곳은 공원묘지인 만큼 콘크리트 광장은 언제나 깨끗하게 관리되고 있습니다. 그러나 쓰레기처럼 흉한 모습으로 말라붙은 지렁이의 시체로 인해 콘크리트 광장이 더럽혀지고 말았습니다. 이처럼 지렁이의 생명인 시간은 공간의 변화로 구체화되었습니다. 지렁이에게 생명, 시간, 공간은 전혀 구별되지 않았습니다.

생명은 시간이요 시간이 공간이며, 시간과 생명 그리고 공간이 셋이 아닌 하나란 것은 바로 이런 의미입니다.

공간—육체의 변화

이제 우리 자신에 대해 좀더 깊이 생각해 봅시다. 우리의 생명
도, 시간도, 모두 우리 각자의 공간의 변화로 나타납니다. 여기에
서 공간이라 함은 첫째 우리의 육체를 뜻합니다.

우리의 육체는 이 거대한 우주 속에서 분명 하나의 육적(肉的) 공
간을 이루고 있습니다. 이 육적 공간은 불변적이거나 고정된 공간
이 아닙니다. 핏덩이로 태어나는 순간부터 이 공간은 계속 확장되
어 가다가 성장기가 멈추는 순간부터는 쇠퇴하기 시작합니다. 일
단 시작된 쇠퇴는 당사자가 살아 있는 한 중도에서 멈추지 않습니
다. 육적 공간의 쇠퇴는 오직 죽음으로만 종식됩니다. 따라서 해가
바뀌어 나이를 한 살 더 먹었다는 것은, 우리 각자의 육적 공간이
확장되거나 쇠퇴하는 육체의 변화로 나타납니다. 그렇다고 육적
공간의 변화가 신체발육과 노화의 관점에서만 이루어지는 것은 아
닙니다.

조광호 신부님의 단상집《그대 문의 안과 밖에서》에는, 신부님
이 독일 유학 당시 TV를 통해 보았던 영화 이야기가 실려 있습니
다. 죽음의 수용소라 불리는 나치수용소에서 마지막까지 살아남은
유태인이, 수용소의 나치군인 중 가장 악랄했던 병사의 고향을 찾
아갑니다. '그 인간은 대체 어떤 환경에서 자랐기에 그토록 악
랄했을까?' 하는 의문이 방문 동기였습니다. 그러나 어렵사리 그

병사의 집을 찾은 그는 또 다른 충격에 말을 잃은 채 돌아서고 맙니다. 틀림없이 악마의 모습일 것이라 확신했던 그 병사의 노부모는 더없이 착하고 어진 시골농부였으며, 노부부의 안방에 걸려 있는 사진 속의 소년, 환한 미소에 눈빛이 천사처럼 유난히 유순해 보이는 소년이 바로 그 악한의 소싯적 모습이었기 때문입니다.

어린 시절 천사의 눈빛을 지녔던 유순한 소년이 가장 흉악한 나치군인으로 변했습니다. 물론 전쟁과 군대라는 특성상 군인은 상관의 어떤 명령에도 무조건 복종해야 합니다. 그러나 수용소의 많은 병사들 중 유독 그 병사가 가장 악랄한 인간으로 비쳤다면 그것은 그 자신의 책임일 수밖에 없습니다. 그가 얼마나 흉악무도했으면 살아남은 유태인이 악마를 연상하며 그 병사의 고향집을 찾아가기까지 했겠습니까? 결국 그 병사의 시간은 육적 공간, 즉 자기 자신의 부정적 변화로 나타났습니다. 그는 더없이 귀중한 생명인 자기 시간으로 자신의 육적 공간을 어이없이 훼손한 어리석은 인간이었습니다.

우리가 이 세상에 태어난 이래 고정된 시간판 위에서 맞았던 지난 시간들은, 그 길이의 장단(長短)에 상관없이 증발되거나 소멸되지 않았습니다. 그 모든 시간은 고스란히 우리 각자의 육적 공간에 축적되어 있습니다. 우리의 얼굴, 언행, 태도가 곧 우리가 어떤 삶을 살아왔는지를 보여 주는 증거판입니다. 일평생 바르고 선한 양심으로 살아온 사람의 눈빛이 교활할 수는 없습니다. 참된 진리와 사랑을 추구해온 사람의 언행이 불량할 수도 없습니다. 추한 욕망과 이기심의 노예로 살아온 사람의 얼굴이 선한 광채를 발할 수 없고, 거짓과 불의를 벗 삼아 살던 자의 말과 행동 속에 깊은 인격이 배어날 수도 없습니다. 어린 시절 천사의 모습이었다고 해서, 그 반대로 악마 같았다고 해서, 그 모습이 평생 그대로 간다는 법은 없습니다. 그 후 자신의 시간을 어떻게 갈무리하느냐에 따라 그의 육적 공간이 악마의 모습으로 전락할 수도 있고, 천사의 형상으로 승화될 수도 있습니다.

여러분의 지난 시간들은, 현재 여러분의 육적 공간에 어떤 변화로 나타나 있습니까? 스스로 끔찍하게 여겨질 정도의 부정적 변화입니까, 아니면 이상적이고도 바람직한 긍정적 변화입니까?

공간—가정의 변화

둘째로 우리의 생명인 시간은 우리 각자의 거주 공간의 변화로 나타납니다. 여기에서 거주 공간이란 돈만 있으면 누구나 살 수 있는 가옥이 아니라, 돈만으로는 결코 구할 수 없는 가정을 의미합니다.

한 남자와 한 여자가 결혼하여 가정을 이룹니다. 본래 자기만의 인생을 추구하던 두 사람이 한데 어울려 한 인생을 추구하는 것입니다. 사람이 자신을 위해 한 인생을 사는 것은 전혀 어려울 것이 없습니다. 자신이 원하는 대로 살면 됩니다. 그러나 각각 다른 두 사람이 두 인생이 아닌 한 인생을 함께 구현하고 더불어 나누는 것은 절로 되지 않습니다. 혼자 한 인생을 추구하던 각자가 서로 죽지 않으면 안 됩니다. 계속 자기만의 인생에 집착하는 두 개체가 한 인생의 행복을 누린다는 것은 애당초 불가능합니다. 그것은 한 덩어리가 되기를 거부하는 시멘트와 모래가 단단한 콘크리트 건물을 이루기 원하는 것과 같습니다.

아주 모범적인 가장이 있었습니다. 그분을 아는 사람치고 그분을 싫어하거나 험담을 하는 사람이 없을 정도였습니다. 그런데 몇 해 전 갑자기 그분의 아내가 더 이상 함께 살 수 없다며 이혼을 선언했습니다. 두 자녀 중 한 명 역시 아버지가 보기 싫다고 어머니를 따라 나갔습니다. 졸지에 가정이 파경을 맞은 것입니다. 부부가 결혼 이후 똑같은 시간을 함께 맞았건만, 그 시간은 가정의 파탄이란 변화로 끝나고 말았습니다. 작년에 어떤 모임에서 우연히 그분을 만났을 때 그분이 던진 첫마디를 잊을 수 없습니다.

"한 번밖에 없는 인생인데 이렇게 미숙합니다."

인생이 정말 한 번밖에 없음을 감안하면, 참으로 가슴 아픈 일이 아닐 수 없습니다.

저는 목회 현장에서, 극심한 부부갈등으로 심각하게 이혼을 고려하는 많은 분들의 상담을 받았습니다. 희한한 일은, 그분들의 배

48

우자 가운데 자기 아내나 남편이 이혼을 고려하고 있다는 사실을 전혀 모르는 이가 태반이었다는 것입니다. 오히려 자신이야말로 세상에서 가장 이상적인 남편이요 아내란 착각 속에서 살아가고 있었습니다. 저 역시 예외가 아니었습니다. 허구한 날 허랑방탕하게 살아가는 저 자신에 대한 절망감으로 아내가 죽음을 생각하던 순간에도 저는, 제 아내가 저로 인해 세상에서 가장 행복한 여인일 것이란 착각에 빠져 있었습니다. 단 한 번밖에 없는 인생이건만 저 역시 인생의 미숙아였습니다.

사람들은 어릴 때는 부모를 이기려 하고, 결혼한 뒤엔 배우자를 이기려 애쓰며, 나이가 들어서는 자식을 이기려 안간힘을 씁니다. 가정이란 공간 속에서 언제나 자신이 승자가 되기 원하는 것입니다. 기가 센 사람이라면 물론 항상 이길 수 있습니다. 그러나 가정이라는 공간 속에서 매번 상대를 이기려는 자야말로 실은 가장 미숙한 인간입니다. 그런 자는 절대로 둘이서 한 인생을 꾸릴 수 없기에, 그의 시간은 가정이란 공간의 변화를 초래하되 반드시 부정적인 결과, 이를테면 불행이나 파경을 불러들이게 됩니다.

각각 다른 시기에, 각각 다른 부모에게서 태어나, 각각 다른 환경 속에서 성장한 남자와 여자가 서로 부부가 되어, 가정이란 동일한 공간 속에서 동일한 길이의 시간을 함께 맞으며, 일평생 둘이서 한 인생을 구현해 간다는 것은 얼마나 가슴 설레고도 흥분되는 일입니까? 그러나 둘이서 한 인생을 사는 행복한 가정보다는, 둘이

서 서로 자기 인생을 고집하느라 병들거나 시들어 버리는 가정이
훨씬 더 많습니다.

여러분의 경우는 어떻습니까? 여러분의 시간이 여러분의 가정
이란 공간 속에 부정적인 변화를 초래하고 있습니까, 아니면 시간
이 지날수록 긍정적인 변화를 이끌어내고 있습니까?

공간—세상의 변화

마지막으로, 우리의 생명과 시간은 우리 주위 공간의 변화, 즉
우리가 속해 있는 세상의 변화로 나타납니다.

석 달 전 미국 뉴저지에서 들은 이야기입니다. 그곳에 사는 어느
한인여성이 길을 걷다가 실족, 앞으로 넘어졌습니다. 너무나 갑작
스레 일어난 일이라 그 여인이 미처 손을 앞으로 내뻗기도 전에 얼
굴이 그만 길바닥에 부딪치고 말았습니다. 순식간에 앞 치아가 다
부러져 나가고, 입과 얼굴이 찢어지며 온 얼굴이 피투성이가 되었
습니다. 너무나도 충격이 컸던 여인은 움직일 수조차 없어 한동안
그 상태로 길바닥에 엎어져 있었습니다. 그동안 적잖은 행인들이
지나갔지만, 모두 피투성이의 여인을 보고서도 못 본 체 했습니다.
가까스로 기력을 차린 여인은 남편에게 전화하였고, 황급히 달려
온 남편에 의해 비로소 응급실로 옮겨졌습니다.

왜 적잖은 미국인들이 피투성이로 쓰러져 있는 여인을 외면했을
까요? 그 여인이 동양인이었기 때문일까요? 그곳 한인들은 그 이
유를 두 가지로 추정했습니다. 첫째, 피투성이의 사람을 경찰에 신
고할 경우 신고자가 경찰서에 불려가 조서를 꾸며야 하는 등 귀찮
은 일들이 뒤따르기 때문이라는 것입니다. 둘째, 피를 흘리며 길에
쓰러져 있는 사람을 돕기 위해 잘못 손을 대었다간 오히려 피해자
에 의해 가해자로 몰리는 경우가 허다하기 때문이라는 것입니다.
여하튼 이 사건은 인간성을 상실한, 황폐해질 대로 황폐해진 인간
세상의 단면을 적나라하게 보여 주고 있습니다.

오늘날 인간이 사는 곳치고 문제없는 곳이 없습니다. 부정과 부
패, 도를 지나친 사치와 향락, 무절제한 상업주의와 물질주의, 인
간마저 도구로 전락시키는 배금주의와 심각한 환경오염 등 우리
주위 공간인 인간 세상은 악화일로를 걷고 있습니다. 낙태율 세계
1위, 제왕절개수술 세계1위, 흡연율 세계1위, 고아수출 세계1위,
교통사고율 세계1위로도 모자라 미국을 제치고 이혼율 세계1위까
지 차지한 우리 사회야 두말할 나위도 없습니다. 왜 오늘날 인간
사회가 이처럼 문제투성이가 되었습니까? 과학과 기술문명이 지
금보다 더 빨리, 더 높이 발달하지 않았기 때문입니까? 결코 그렇
지 않습니다. 그 속에 살고 있는 우리 자신들이 비인격적인 물질을
섬기느라 인간성, 다시 말해 인간다움을 상실했기 때문입니다. 인
간성을 상실한 인간들의 시간은 그들이 살고 있는 사회 공간의 피

폐화로 나타날 수밖에 없습니다. 사회의 구성원이 바로 인간인 까닭입니다.

근래 동물의 세계에서도 유례없는 일들이 일어나고 있습니다. 암탉이 음악을 들으면 양질의 달걀을 낳는다고 해서 오래 전부터 양계장은 음악을 틀어왔습니다. 그런데 얼마 전에 만난 양계 전문가는 새로운 사실을 들려주었습니다. 요즈음 닭들은 템포가 빠른 음악을 틀어 주어야 달걀을 잘 낳는다는 것입니다. 예전처럼 조용한 음악을 들려주어서는 별 효과를 보지 못한다는 것입니다. 세상에 닭이 무엇을 안다고 인간의 음악 중에서 빠른 템포, 느린 템포를 가리겠습니까? 닭이 빠른 템포의 음악을 더 좋아한다면 그것은 요즈음 사람들이 빠른 음악을 선호하기 때문입니다. 세상에서 들리는 것이 온통 빠른 소리들뿐이다 보니 그 템포에 익숙해진 닭 역시 빠른 음악에 기울어지는 것은 조금도 이상한 일이 아닙니다. 이렇듯 인간의 변화가 동물의 취향마저 변화시키고 있습니다.

2005년 2월 첫째주 일본에서는 일본 최초의 인간광우병 환자가 사망하였습니다. 같은 시기에 프랑스에서는 광우병에 감염된 염소가 나타났습니다. 제가 1998년부터 2001년까지 3년간 스위스에서 거주하는 동안, 유럽 대륙을 가장 크게 뒤흔든 사건이 광우병(狂牛病) 파동이었습니다. 광우병에 감염된 소가 불치병인 인간광우병의 원인이라 하여, 인간광우병 환자와 사망자를 낸 영국과 프랑스에서 수십만 마리의 소가 도살되었고 쇠고기 값이 폭락하는 등, 그

파동의 여파는 참으로 엄청났습니다. 그런데 이제는 일본에서도 인간광우병으로 인한 사망자가 나왔는가 하면, 프랑스에서는 광우병이 염소에게까지 확산되기에 이르렀습니다. 앞으로 그 여파가 어디에까지 미칠지는 아무도 알 수 없습니다.

광우병이란 이름은, 그 병에 감염된 소가 마치 미친 듯이 사지를 덜덜 떨다가 죽는 데서 비롯되었습니다. 문자 그대로 '미친 소의 병'입니다. 소가 이 무서운 병에 감염되는 제1원인은 동물성 사료인 것으로 밝혀졌습니다. 원래 소는 초식동물입니다. 그런데 풀만 먹고 사는 소에게 인간이 동물성 사료를 먹이기 시작했습니다. 젖소와 같은 비식용 가축이 죽었을 때 그 시체를 그냥 내버리기가 아까워, 인간들이 살코기와 뼈를 재료로 동물성 사료를 만들어 소에게 먹였습니다. 풀보다 영양가가 높은 동물성 사료로 소를 더 빨리, 더 크게 자라게 하여 더 많은 돈을 벌기 위함이었습니다. 그러나 그 결과는 아무도 상상치 못했던 가공스런 광우병으로 나타났습니다. 그렇다면 과연 누가 미쳤습니까? 소는 불쌍한 피해물일 뿐 결코 미치지 않았습니다. 미친 것은 풀을 먹어야 할 소에게 자신의 욕심을 위해 동물성 사료를 먹인 인간입니다. 따라서 그 병은 광우병이 아니라 광인병(狂人病)이라 불러야 타당합니다. 돈에 눈이 먼 인간이 온당한 정신을 상실하니, 인간 세상은 말할 것도 없고 동물의 세계마저 이처럼 홍역을 치르고 있습니다.

여러분은 어떻습니까? 여러분의 시간은 주위 공간의 타락과 오

염에 일조하고 있습니까, 아니면 그 공간의 정화와 회복에 일익을
담당하고 있습니까?

"네가 어디 있느냐?"

생명은 시간이요, 시간은 공간입니다. 생명, 시간, 공간은 셋이
아닌 하나입니다. 우리 생명의 상태와 질, 시간의 내용과 의미는
모두 우리 각자가 처해 있는 공간들을 통해 그 실체를 드러냅니다.
이런 의미에서 공간의 중요성은 아무리 강조해도 지나침이 없을
것입니다.

앞에서 언급했던, 양화진 외국인 선교사 묘원의 콘크리트 광장
에 말라붙은 지렁이를 다시 생각해 보십시오. 수분이 있는 맨땅에
서 살아야 할 지렁이가 자기 분수를 생각지 않고, 단지 본능을 좇아
기분 내키는 대로 콘크리트 광장으로 나아갔습니다. 그 순간 지렁
이는 온 세상을 소유한 듯한 만족감을 만끽했을 것입니다. 그러나
한순간의 만족에 비해 그 결과는 너무나도 비참했습니다. 돌아가
야 할 공간을 끝내 되찾지 못한 지렁이는 엉뚱한 공간 속에서 말라
비틀어져 죽음으로 그 공간을 오염시키기까지 했습니다. 생각할수
록 어리석고 한심하기 짝이 없어 보이는 이 지렁이가 실은 우리 자
신의 모습인 것은 아닙니까? 자신의 생명인 시간을 허망한 욕망과

찰나적인 쾌락과 맞바꾸느라 자신의 육적 공간인 육체, 거주 공간인 가정, 주위 공간인 이 세상을 마구 훼손하고 어지럽히는 우리 자신 말입니다. 그렇지 않고서야 우리와 관련된 공간들이 이처럼 날이 갈수록 더욱 악화될 수는 없습니다. 이것이 사실이라면 우리가 더 이상 이대로 있을 수는 없습니다. 우리로 인해 부정적으로 변화되어 버린 그 공간들을 그냥 방치한다는 것은 그 속에서 살아갈 우리의 생명을, 우리가 맞게 될 시간을 아무 뜻도 없이 포기해 버리는 것과 같습니다.

이런 관점에서 인간을 향한 하나님의 첫 질문은, 난마처럼 얽혀 있는 우리 각자의 공간의 문제를 해결해 주는 복음이 아닐 수 없습니다. 최초의 인간이었던 아담은 스스로 창조주의 자리에 앉기 위해 하나님의 명령을 어기는 죄를 범했습니다. 죄를 범하는 순간엔 분명 이 세상 무엇과도 비길 수 없는 짜릿함이 있었을 것입니다. 그러나 그 짜릿함이 채 가시기도 전에 죄의 특성인 까닭 모를 두려움이 그에게 엄습했습니다. 하나님의 음성이 들리자 겁에 질린 아담은 나무 사이 그늘 속으로 숨어 버렸습니다. 에덴 동산의 양지에서 음지로 아담의 공간이 바뀐 것입니다. 그때 하나님께서는 아담에게 네가 무슨 짓을 했느냐, 무엇을 먹었느냐고 묻지 않으셨습니다. 창세기 3장 9절이 전해 주는 하나님의 질문은 다음과 같습니다.

여호와 하나님이 아담을 부르시며 그에게 이르시되
네가 어디 있느냐

인간을 향한 하나님의 첫 질문은, 아담이 처해 있는 공간에 대한 물음이었습니다. 생명과 시간이 곧 공간이요, 아담이 자기 생명인 시간을 그릇 사용한 결과가 그릇된 공간의 변화로 귀결되었음을 일깨워 주시기 위함이었습니다.

범죄한 아담은 죽음을 피할 수 없게 되었습니다. 거룩하신 하나님 앞에서는 어떤 죄인도 살아남을 수 없기 때문입니다. 결국 아담의 범죄는 자기 육적 공간인 육체의 생명에 대한 자해행위였습니다. 범죄한 아담은 실낙원, 곧 그의 거주 공간이었던 에덴 동산을 상실했습니다. 에덴 동산은 죄 없는 사람만이 거할 수 있는 곳인 까닭입니다. 에덴을 상실한 아담은 이 세상이라는 공간을 오염시키며 살아갈 수밖에 없었습니다. 아담 자신이 이미 죄로 더럽혀졌기 때문입니다. 따라서 아담이 숨어 있던 숲 속 그늘은 육체의 죽음, 실낙원, 그리고 세상의 오염을 총체적으로 보여 주는, 아담의 범죄로 인해 이지러진 그의 공간들의 상징이었습니다. 그러나 하나님께서는 당신의 법을 어긴 아담을 그 어둠과 사망의 공간에 내버려두시지 않았습니다. 하나님께서 먼저 아담을 찾아오시어 네가 어디 있느냐, 하고 질문하심으로 그가 있어야 할 공간으로 불러내셨습니다. 이것이 하나님의 사랑이요, 그래서 하나님께서는 사랑의 하나님이십니다.

지렁이가 자기 무덤인지도 알지 못한 채 본능을 따라 콘크리트 광장으로 마구 나아가도, 이 세상 누구도 그릇된 공간에 뛰어든 지렁이를 부르거나 건져내어 주지 않습니다. 그래서 콘크리트 위의 지렁이는 결국 말라비틀어져 죽고 맙니다. 하지만 아담은 하나님의 부르심으로 어둠과 사망의 공간을 벗어날 수 있었습니다. 하나님의 부르심 속에서 그의 공간이 새로워진 것입니다. 이것은 아담에게만 국한된 이야기가 아닙니다. '아담'의 의미는 '사람'입니다. 따라서 하나님께서는 특정인 아담만이 아니라, 어둠과 사망의 공간 속으로 추락한 모든 사람을 빛과 생명의 공간으로 불러 주십니다. 그 사랑의 부르심으로 형편없이 이지러졌던 저 자신의 공간들도 새로워졌습니다.

만약 하나님께서 불러 주시지 않았더라면 제 육적 공간인 육체는 술에 절어 이미 폐인이 되었을 것이요, 제 거주 공간인 가정은 풍비박산이 나, 저를 착실한 인간으로 믿고 결혼했던 제 아내는 세상에서 가장 가련한 여인이 되고 말았을 것입니다. 그리고 저는 거짓과 불의를 일삼아, 제 주위 공간인 이 사회를 허물고 오염시키는 백해무익한 기생충으로 오늘을 살고 있을 것입니다. 그런데 하나님께서 저를 불러 주셨습니다. 제가 먼저 하나님을 부른 것이 아닙니다. 하나님께서 먼저 저를 찾아오시고, 부르시고, 수렁에서 건져 주셨습니다. 그리고 하나님께서 욕망에 찌든 고깃덩어리에 불과했던 제 육체를 정결케 해 주셨습니다. 죄의 온상이었던 제 육체가 하나님에 의해 의와 진리의 도구가 된 것입니다. 또한 하나님께서 제 가정을 회복시켜 주셨습니다. 아내와 더불어 둘이서 일구어 가는 한 인생 속에서 사랑하는 자식들과 함께 참된 행복을 눈물겹도록 누리게 된 것입니다. 하나님께서 부족한 저를 당신의 통로로 삼으셔서 제 주위의 많은 분들의 인생을 새롭게 해 주셨습니다. 그래서 오늘도 미약하지만, 이 세상을 위한 빛과 소금의 역할을 다하려 스스로 애쓰고 있습니다.

하나님께서 저를 불러 주심으로써, 이렇듯 저와 관련된 모든 공간들이 새롭게 변화되었습니다. 시간이 공간이요, 공간이 시간인 까닭입니다. 하나님께서 제 생명인 시간을 새롭게 해 주셨기에, 새로워진 시간이 새로운 공간의 변화로 나타난 것입니다.

사랑하는 형제자매 여러분!

하나님의 구원은 이처럼 우리의 공간과, 그 공간의 의미를 새롭게 해 주시는 데 있습니다. 현재 여러분의 공간이 절망할 수밖에 없는 상황이라 할지라도, 결코 좌절하거나 두려워하지 마십시오. 천지를 창조하신 하나님, 여러분 한 사람 한 사람을 창조하신 하나님께서 여러분을 그 공간으로부터 건져 주시기 위해 지금 이 시간 여러분을 부르고 계십니다.

"네가 어디 있느냐?"

창조주이신 그분의 부르심에 응답하십시오. 그분의 음성을, 그분의 말씀을 좇으십시오. 그 순간부터 하나님에 의해 여러분 각자의 공간이, 우리 모두의 공간이, 우리가 살고 있는 이 세상의 공간이 새로워질 것입니다.

결코 잊지 마십시오. 생명은 시간이요, 시간은 공간입니다. 생명, 시간, 공간은 셋이 아니라 언제나 하나입니다.

하나님! 하나님께서 이 시간 우리를 찾아오셔서 우리를 먼저 불러 주심을 감사드립니다. 하나님의 이 부르심에 우리 모두 응답하게 하옵소서. 우리를 창조하신 하나님 안에서 우리의 생명인 시간이, 우리의 시간인 공간이, 우리의 공간인 생명이 새로워지게 하옵소서. 이제부터 우리가 맞을 모든 시간이, 빛과 생명이 넘치는 진리의 공간으로 승화되게 하옵소서. 아멘.

03 "웃기고 자빠졌네"

셋도 아들을 낳고 그 이름을 에노스라
하였으며 그때에 사람들이 비로소
여호와의 이름을 불렀더라 ●창세기 4장 26절

개그우먼 김미화 씨와 묘비명

한 분야의 정상에 오른 사람에게는 긍정적인 관점에서든, 반대로 부정적인 관점에서든 배울 점이 있습니다. 어떤 의미로든 매사에 남다르지 않고서는 정상에 오를 수 없는 까닭입니다.

한국 코미디 개그계의 독보적 존재인 개그우먼 김미화 씨가 지난 2004년 7월 15일, '아름다운 재단'이 운영하는 '아름다운 가게'에서 특강을 가졌습니다. 50여 개의 복지 및 시민단체와 직간접적으로 관련을 맺고 있는 김미화 씨는 코미디 개그계 최고의 '맘짱'(마음짱)으로 불린다고 합니다. 그녀는 '나눔과 참여가 아름다운 이유'라는 제목의 강의를 통해 자신이 나눔의 삶에 참여하게 된 동기와 과정을 진솔하게 고백했는데, '맘짱'이란 별칭에 어울리게 그 내용이 감동적이었습니다. 강의 말미에 그녀는 '행복'에 관해서도 언급하였습니다. 개그우먼이란 직업인으로 살아가는 자신의 삶이 참으로 행복하다며, 현재의 삶에 만족과 감사를 표했습니다. 그녀는 자신이 죽은 뒤에 자신의 비석에 새겨지기 원하는 묘비명을 직접 밝히기도 했는데, 그 내용이 이렇습니다.

"웃기고 자빠졌네."

역시 김미화 씨다운 기상천외한 발상입니다. 누군가가 공원묘지를 산책하다가 큰 글씨로 "웃기고 자빠졌네"란 묘비명이 새겨진 비석을 발견한다면, 십중팔구 웃음을 터트리지 않을까 싶습니다. 그러나 김미화 씨의 그 묘비명이 제게는 사뭇 의미심장하게 들렸습니다.

동사 '자빠지다'는 넘어지다란 의미와 함께, 서 있던 것이 모로 기울어져 쓰러지거나 누워 버리는 것을 뜻하기도 합니다. 이를테면 폭풍에 뿌리째 뽑혀 쓰러진 나무를 가리켜 "나무가 자빠졌다"고 말하는 것과 같습니다. 김미화 씨는 이런 의미로 '자빠졌다'는 동사를 사용하였는데, 이때에 '자빠졌다'는 것은 물론 '죽었다'는 뜻입니다. 김미화 씨는 개그우먼으로서 죽을 때까지 무대에서 사람을 웃기다가 무대에서 쓰러져 죽고 싶은 자신의 심정을, 개그계의 제1인자답게 "웃기고 자빠졌네"란 기발한 묘비명으로 표현한 것입니다. 죽기까지 자신에게 주어진 생에 충실하기 원하는 그녀의 염원이 그 짧은 문장 속에 고스란히 함축되어 있습니다.

행복이란 불평이나 불만 없이 만족한 상태를 일컫습니다. 상대적인 사람, 즉 자신과 타인을 늘 비교하는 사람이 참 행복을 누릴 수 없는 까닭이 여기에 있습니다. 세상에는 자신보다 나은 사람이 항상 있게 마련이고, 타인에 대한 열등의식은 어떤 형태로든 불평과 불만의 산실이 될 따름입니다. 따라서 일상의 삶 속에서 진정한 행복을 누리기 위해서는 현재 자신의 처지에 자족할 수 있어야 하고, 그것은 자신이 지금 하고 있는 일에 대해 천직(天職) 의식을 지니는 것으로부터 시작됩니다. 똑같은 일을 해도 단순히 먹고살기 위해 혹은 어쩔 수 없이 행하는 자가 결코 행복할 수 없다면, 동일한 그 일을 하늘이 주신 천직으로 여기는 자는 어떤 상황 속에서도 스스로 불행을 느끼지는 않습니다.

만약 김미화 씨가 고관대작의 부인을 부러워하거나 자신의 직업을 신분상승을 위한 발판 정도로 여기는 자라면, 개그우먼으로서의 그녀는 행복과는 거리가 멀어도 한참 멀 것입니다. 그러나 그녀는 죽는 순간까지 웃기고 자빠질 것을 목표로 삼을 정도로 자신의 직업을 천직으로 여기고 있기에, 개그우먼으로 살아가는 자기의 삶이 행복하다는 그녀의 고백은 제게 잔잔한 감동을 주었습니다. 그런 사람이라면 그녀 스스로 밝혔듯이, 어떤 악조건 속에서도 주어진 삶에 자족하며 감사할 수 있습니다.

저는 참 생명과 진리를 전하는 목사의 길을 천직으로 여기고 있습니다. 그래서 "웃기고 자빠졌네"란 김미화 씨의 묘비명을 접하면서, 저 역시 죽기까지 제가 가야 할 목사의 길을 걷다가 그 길 위에서 목사로 자빠질 것을 다시 한 번 다짐하게 되었습니다. 아울러 김미화 씨의 묘비명은 저로 하여금 또 다른 생각을 하게 해 주었습니다.

'자빠지다'는 동사는 다른 동사의 활용형 뒤에 붙을 경우, 보조 동사인 '있다'의 속된 의미로 쓰입니다. 따라서 '웃기고 자빠지다'는 말의 본래 뜻은 '웃기고 있다'는 것입니다. '웃기고 있다' '웃기고 자빠지다'란 말은 문자 그대로 웃긴다는 뜻이긴 하지만, 실제 우리의 대화 속에서는 강한 부정적 의미로 더 자주 사용되곤 합니다. 이를테면 전혀 사리에 닿지 않는 말을 하는 사람, 혹은 비정상적인 짓을 서슴없이 행하는 자를 가리켜 "웃기고 있네" 혹은 "웃기고 자빠졌네"라고 표현합니다. 이때의 의미는 우습다는 것이 아니라 어처구니가 없다는 뜻입니다. 물론 김미화 씨는 이런 의미로 그 말을 한 것은 아닙니다. 그녀는 죽을 때까지 사람을 웃기는 천직에 충실하겠다는 염원을 그런 식으로 묘사했습니다. 그런데도 "웃기고 자빠졌네"란 그녀의 묘비명을 접하면서 또 다른 생각을 하게 된 것은, 우리 자신을 포함하여 이 세상에는 어처구니 없이 웃기고 자빠진 사람들이 너무나도 많기 때문입니다.

어처구니없거나, 웃기고 자빠졌거나

찰나가 찰나를 업신여기다

물통 속에 막대기를 넣고 휘저으면 금방 물거품이 일어납니다. 그 물거품은 크기가 다 일정하지 않습니다. 큰 물거품이 있는가 하

면 형편없이 작은 물거품도 있습니다. 그 중에서 가장 큰 물거품이
스스로 으스대며, 작은 물거품을 업신여기고 경멸하는 경우를 상
상해 보십시다. 물거품의 세계에서는 혹 있을 수 있는 일일지 모르
지만, 그러나 사람인 우리가 보기에는 얼마나 웃기는 일입니까?
제 아무리 큰 물거품이라 한들 순식간에 사라져 버리기는 매한가
지입니다. 큰 물거품은 오히려 크기에 작은 물거품보다 더 빨리 소
멸되기 쉽습니다. 사실이 이러함에도 큰 물거품이 자기 실상을 알
지 못한 채 작은 물거품을 마구 업신여긴다면, 그야말로 웃기고 자
빠진 물거품 아니겠습니까?

한순간에 형체마저 완전히 사라져 버리는 물거품에 비하면, 팔
구십 년에 이르는 인간의 수명은 참으로 장구하다 할 수 있습니다.
그러나 영원의 관점에서 보면 인간의 수명 또한 찰나에 지나지 않
습니다. 영원 앞에서는 인간과 물거품 사이에 아무런 시간적 차이
가 없습니다. 그럼에도 자신보다 못해 보이는 사람을 업신여기며
살아가는 자가 부지기수입니다. 그렇다면 이 역시 얼마나 웃기는
일입니까?

사람의 육안으로는 태양을 볼 수 없습니다. 태양의 빛이 너무나
도 강한 탓에, 맨눈으로 보려 했다가는 눈을 상하게 됩니다. 하지
만 아무런 보호 장비 없이 태양을 똑바로 볼 수 있는 시각이 하루
에 두 번 있습니다. 일출과 일몰 때입니다. 그때만은 태양은 벌거
벗은 자기 모습을 만인에게 거리낌 없이 보여 줍니다. 사람도 마찬

가지입니다. 사람들은 의복, 학벌, 재산, 직위, 화장(化粧) 등으로 일평생 자신을 가리고 살아갑니다. 요즈음은 성형수술로 외형을 아예 변형시켜 버리기도 합니다. 그러나 인간의 출생과 사망은 그 무엇으로도 가려지지 않습니다. 벌거숭이로 태어났다가 벌거숭이로 돌아가기 때문입니다.

소설가 이청준 선생은, 인간은 60세까지 철이 들다가 그 이후에는 철을 까먹고 살아간다고 했습니다. 오래 살수록 더 깊은 인격의 소유자가 되기보다는 철없는 아이로 회귀하는 사람이 더 많다는 뜻입니다. 요즈음엔 인간의 수명 연장과 함께 치매환자가 급증하고 있습니다. 치매란 정상적인 정신능력, 즉 지능·의지·기억 등의 능력을 상실한 상태로, 한마디로 철없는 아이 이전의 갓난아기 상태로 돌아가는 것입니다. 결국 벌거숭이로 태어난 바로 그 상태로 벌거벗고 돌아가는 것이 인생입니다. 일설에 의하면, 알렉산더 대왕은 죽을 때 자기 관 좌우에 구멍을 뚫어 자신의 양손이 보이게 하도록 했습니다. 까닭을 묻는 신하들에게 알렉산더가 대답했습니다.

"천하의 알렉산더도 빈손으로 가는 것을 세상 사람들로 하여금 알게 하라."

이것이 인생이요, 이런 의미에서 모든 인생은 다 동일합니다. 그럼에도 살아 있는 동안 이런 사람 저런 사람을 업신여기며 스스로 으스대고 살아간다면, 웃기고 자빠진 물거품과 무슨 차이가 있겠습니까?

부모를 버리면서 자식의 공경을 바라다

지난 2003년 여름에 유럽을 덮친 살인 폭염으로 목숨을 잃은 사람의 수는 무려 2만여 명에 이릅니다. 그 중에서 프랑스의 피해가 가장 컸는데, 프랑스의 사망자 수만 1만 5,000명으로 알려졌습니다. 가슴 아픈 사실은 사망자 거의 모두가 연로한 독거노인들이었다는 것입니다. 자식들의 무관심 속에 홀로 사는 노인들이 살인적인 무더위로 인해 속수무책으로 죽어 간 것입니다. 파랑색·흰색·붉은 색으로 이루어져 있어 삼색기로 불리는 프랑스 국기의 각 색깔은 자유·평등·박애를 상징하고 있습니다. 프랑스 혁명 이념이기도 했던 자유·평등·박애는 정치, 사상, 문화 등 모든 면에서 근대 프랑스의 토대를 이루고 있습니다. 그러나 삼색기가 휘날리는 자유와 평등 그리고 박애의 땅이라는 그 프랑스에서 자식들에게 버림받은 노인들이 소리 없이 죽어 가고 있습니다. 웃기는 일이 아닐 수 없습니다.

2000년 4월 20일, 제네바의 백만장자 로베르 아도르(Robert Ador) 씨의 부인 이르마 아도르(Irma Ador) 여사가 75세의 나이로 타계하였습니다. 그 노부부에게는 한 명의 딸과 세 명의 아들이 있었습니다. 딸은 정신과 의사, 큰아들은 건축가, 둘째아들은 은행가, 막내아들은 변호사로 모두 스위스 상류사회에 속한 자들입니다. 백만장자의 자식으로 태어난 덕에 좋은 교육을 받고 소위 성공한 자식들입니다.

마침 아도르 여사가 숨을 거둔 날 오후부터 나흘간의 부활절 황금연휴가 시작된지라, 장례식은 연휴가 끝난 다음날인 4월 25일에야 거행되었습니다. 서부유럽에선 연휴기간 동안 장의사나 묘지인부들 역시 쉬는 까닭입니다. 충격적인 사실은, 고인이 운명한 바로 그날 오후에 고인의 네 자식들 역시 각각 자기 가족들을 데리고 휴가를 떠나 버린 것입니다. 휴가는 오래 전부터 계획되어 있었던데 반해 어머니의 죽음은 갑작스런 일이었기 때문입니다. 결국 부활절 연휴가 끝나기까지 병원 영안실에 안치된 고인의 시신을 지킨 사람은 고인의 남편, 즉 어머니의 죽음에도 아랑곳없이 휴양지에서 연휴를 만끽하는 네 명의 자식을 둔 늙은 아버지 한 사람뿐이었습니다. 연휴가 끝난 뒤 제네바로 돌아온 자식들이 검은 예복을 입고, 슬프고도 근엄한 표정으로 어머니의 장례식을 치렀음은 두말할 나위도 없습니다.

나중에 알고 보니 유독 그 집 자식들만 그런 것은 아니었습니다. 스위스에서는 연휴나 주말에 부모가 돌아가실 경우 장례식을 치르려면 어차피 장의사와 묘지 인부가 일하는 주초까지 기다려야 하므로, 자식들은 아무 거리낌 없이 부모의 시신을 병원 영안실에 방치해 둔 채 주말이나 연휴를 즐깁니다. 나이가 많이 든 사람 일부를 제외하곤, 이 같은 풍조는 이미 보편화되어 있습니다. 적십자

정신과 인권 및 정의를 유난히 강조하는 스위스에서 죽은 부모의 인권은 이렇듯 살아 있는 자식들로부터 철저하게 외면당하고 있습니다. 이 또한 웃기고 자빠질 일입니다.

우리나라라고 해서 예외는 아닙니다. 부모가 돌아가셨을 경우 휴가나 외국에 있던 자식도 급히 돌아와 영안실을 지키고 전통 관습에 따라 격식을 갖춘 장례식을 치르긴 하지만, 그렇다고 모든 자식들이 부모 살아 계시는 동안 부모를 지성으로 공경하는 것은 아닙니다. 부모의 은덕으로 출생하여 교육받고 성장하였건만 부모에게 자식의 도리를 다하지 않는 것은 물론이요, 제 부모를 우습게 여기는 웃기는 자식들이 날로 늘어가고 있습니다. 더욱 웃기는 것은 동서양을 막론하고 부모를 외면하는 자식들이 자기 자식만큼은 끔찍이 사랑한다는 것입니다. 그런 사람일수록 자기 자식이 이 다음에 자기에게 불효하리란 생각은 털끝만큼도 하지 않습니다.

그러나 생각해 보십시오. 자식에게 부모의 일거수일투족보다 더 생생한 시청각교육은 없습니다. 자기 부모가 부모를 외면하고, 부모를 살인더위 속에서 속수무책으로 죽어 가도록 내팽개쳐 두고, 부모의 죽음에도 아랑곳없이 휴가지로 떠나 버리고, 평소 부모를 우습게 여기는 것을 보고 배운 자식이, 이 다음에 늙고 병든 자기 부모에게 자신이 보고 배운 대로 행할 것은 불을 보듯 뻔하지 않습니까? 결국 부모를 홀대하는 것은 자기 자식에게 자신을 홀대하도록 교육하고 강조하는 행위입니다. 그러고서도 자기 자식의 지성

어린 효도를 기대한다면, 그야말로 웃기고 자빠진 사람 아니겠습니까?

유산으로 반목하면서 자식의 화목을 기대하다

요즈음은 돈이 인간의 목적이 되면서 부모의 유산을 놓고 형제끼리 다투는 집안이 얼마나 많은지 모릅니다. 지금 이 자리에도 부모의 유산 때문에 형제와 심각하게 반목중인 사람들이 분명히 있을 것입니다. 안타깝게도 그런 자들이 간과하는 중요한 사실이 있습니다. 부모 유산 앞에서 피를 나눈 친형제와 처절하게 싸우는 자신의 언행이, 자신이 물려줄 유산을 두고 자기 자식들 역시 다투기를 재촉하는 촉매제가 됨을 인식지는 못하는 것입니다. 부모 유산을 더 많이 차지하기 위해 형제가 원수처럼 대립하는 것은 천륜보다 돈을 더 중시하는 까닭입니다.

그렇다면 그 부모 밑에서 자라난 자식들 역시 부모가 남긴 돈을 조금이라도 더 많이 차지하기 위해 수단과 방법을 가리지 않을 것은 재론의 여지조차 없지 않습니까? 자식들의 재산 싸움을 자신의 삶으로 부추기고 있으면서도, 자신이 이 세상을 떠난 뒤 그 자식들이 화목하게 살기를 원한다면 그 또한 웃기고 자빠진 사람임에 틀림없습니다.

히틀러와 김영갑

이상 언급한 이야기들은 웃기고 자빠진 인간사의 지극히 작은 한 단면일 뿐이요, 전 세계에서 정치·경제·사회·문화·가정적으로 벌어지고 있는 웃기고 자빠진 인간의 사례는 열거하기조차 불가능할 정도입니다. 각 나라의 신문과 TV 뉴스시간은, 매일 웃기고 자빠진 사람들의 이야기를 전하느라 여념이 없습니다. 그 중에서 가장 웃기는 것은, 이 세상 사람이 다 죽어도 자신만은 천년만년 살 것 같은 인간의 착각입니다. 인간이 웃기고 자빠진 삶을 거리낌 없이 사는 것도 따지고 보면 모두 이 어처구니없는 착각에서 유래하고 있습니다.

위대한 독일제국 건설을 위해 2차 세계대전을 일으켰던 히틀러로 인해 수천만 명의 사람들이 목숨을 잃거나 부상을 입었습니다. 인류역사상 가장 비참한 전쟁이었습니다. 전쟁 초기엔, 유럽대륙을 통일하고 궁극적으로 세계를 지배하려는 히틀러의 야망이 이루어지는 듯했습니다. 그러나 연합국의 노르망디 상륙으로 전세는 역전, 마침내 1945년 4월 25일 연합군은 히틀러의 총리공관이 있는 베를린을 완전 포위하였습니다. 그로부터 닷새 뒤, 히틀러는 총리공관 지하벙커에서 자신의 최후를 맞았습니다. 그의 정부였던 에바 브라운은 음독으로 자결했고, 히틀러 자신은 권총으로 자신의 생을 스스로 마감했습니다. 당시 소련군이 그곳에서 800미터도 채 되지 않는 지점까지 진격해 있었기에, 히틀러의 부관들이 두 사람의 시체를 급히 잔디밭 구덩이로 옮긴 뒤 담요를 덮고 그 위에 석유를 부어 완전히 태워 버렸습니다. 히틀러는 묘비도 묘소도 없이, 그렇게 허망하게 사라져 버리고 말았습니다.

그가 스스로 목숨을 끊었던 지하벙커 밀실의 크기는 15제곱미터, 다시 말해 4.5평에 지나지 않았습니다. 세계 정복의 야망을 불태우며 수천만 명의 살상을 아랑곳 않던 히틀러의 인생은 4.5평에 불과한, 그것도 지하밀실에서 56세를 일기로 끝났고, 그 즉각 형체도 없이 완전 소각되어 버리고 말았습니다. 한마디로 웃기고 자빠진, 불쌍하기 짝이 없는 인생이었습니다. 만약 그가 자신의 최후를 단 한 번이라도 진지하게 생각했던들 그처럼 어처구니없는, 웃기고 자빠진 인생을 살지는 않았을 것입니다.

히틀러와는 정반대의 경우가 있습니다. 지금 세종문화회관 미술관에서는 〈김영갑 사진전〉이 열리고 있습니다. 제주도에서 두모악 갤러리를 운영하고 있는 올해 48세의 사진작가 김영갑 씨는 6년째 루게릭 병을 앓고 있습니다. 루게릭 병이란 온몸의 근육이 마비되어 마치 촛농처럼 없어져 버리는 불치병입니다. 그로 인해 70킬로그램이었던 그의 체중은 40킬로그램으로 감소하였고, 다른 사람의 도움 없이는 움직일 수조차 없는 형편입니다. 매일매일 죽어가는 자신의 근육을 통해 그는 매순간 자신의 죽음과 직면하고 있습니다. 그러나 그는 전혀 굴하지 않고 제주도의 신비스런 자연 풍경을 카메라에 담기를 계속, 이번에 대규모 전시회를 갖게 된 것입니다. 그는 이렇게 말하고 있습니다.

"나는 매일 죽음과 마주하고 있다. 나에게는 내일의 보장이 없다. 그래서 나는 날마다 오늘을 치열하게 살아간다."

"흐르는 물은 썩지 않는다. 내 몸은 통나무처럼 굳어 가고 있지만, 마음은 새털처럼 가벼워 제주도 곳곳을 누비고 다닌다."

"죽음을 대면하고서야 자연의 이치와 사람이 비로소 보인다."

"평화는 외로움에서 온다. 어쩔 수 없이 명상을 즐겨야 하는 내 삶은 가없이 평온하다. 그래서 이 평온을 안겨 준 루게릭 병에게도 감사한다."

루게릭 병으로 인해 그의 몰골은 볼품없이 오그라졌지만, 그는 자연과 사람을 사랑하면서 누구보다 진지한 삶을 살고 있습니다. 매일 자신의 죽음과 직면하며 살아가는 그는, 웃기고 자빠질 삶으로 생명을 낭비하기에는 남아 있는 생명이 너무나도 소중함을, 1초 1초가 곧 자신의 생명임을 온몸으로 터득하였기 때문입니다.

죽음도 생명의 의미도 알지 못해 웃기고 자빠졌던 히틀러에 비하면, 비록 김영갑 씨에겐 권력도 군대도 육체의 건강도 없지만 죽음을 알기에 생명 또한 바르게 일굴 줄 아는 그야말로 진정한 생명의 거인이 아닐 수 없습니다.(전시회는 2005년 3월 23일부터 4월 5일까지 열렸으며, 김영갑 씨는 5월 29일 사망하였다.-편집자)

죽을 수밖에 없는 존재, 에노스

하나님에 의해 창조된 인간이 스스로 하나님의 자리에 앉기 위해 하나님의 명령을 어기고 금단의 열매를 범했습니다. 피조물은 어떤 경우에도 피조물일 뿐, 무에서 유를 가능케 하는 창조주가 될 수는 없습니다. 그런데도 스스로 하나님이 되려 했던 아담은 한마디로 웃기고 자빠진 인간이었습니다. 아담의 큰아들 카인은 자기보다 뛰어난 동생 아벨에 대한 질투심으로 동생을 살해, 인류 최초의 살인자가 되었습니다. 그 역시 웃기고 자빠진 인간이었습니다. 이처럼 웃기고 자빠져 살던 인간들은 하나님을 필요로 하지 않았습니다. 앞서 살펴본 것처럼(〈시간은 공간이다〉 참조), 죄를 범한 뒤 수풀 그늘 속에 떨고 있는 아담을 하나님께서 먼저 찾아오시어 죄의 어둠으로부터 불러내어 주셨지만, 그 큰 은혜를 입은 아담조차 하나님을 자발적으로 찾지는 않았습니다. 그러나 성경 창세기 4장 26절이 대단히 중요한 사실을 증언해 주고 있습니다.

> 셋도 아들을 낳고 그 이름을 에노스라 하였으며
> 그때에 사람들이 비로소 여호와의 이름을 불렀더라

셋은 아담의 셋째아들, 그러니까 둘째아들 아벨이 큰아들 카인에게 살해당한 뒤에 태어난 아들입니다. 그가 장성하여 아들을 낳은 뒤 아들의 이름을 '에노스'라 지었습니다. 그리고 그때부터 사람들은 비로소 여호와의 이름, 즉 하나님의 이름을 자발적으로 부르기 시작했습니다. 그제야 비로소 하나님의 이름을 불렀다는 것은, 그 이전엔 인간이 한 번도 하나님을 먼저 부른 적이 없었다는 말입니다. 왜 피조물인 인간은 그 이전에는 하나님을 필요로 하지 않았을까요? 왜 셋이 아들의 이름을 '에노스'라 지을 때에야 비로소 사람들이 하나님을 자발적으로 찾기 시작했을까요?

모든 부모는 자신의 염원이나 심오한 깨달음을 자식의 이름에 담아 줍니다. 제 이름은 한자로 '있을 재(在)' 자와 '밝을 철(哲)' 자를 사용합니다. '재철'이란 제 이름 속엔 제가 평생 밝은 곳에 거하기를 바라는 제 부모님의 소망이 담겨 있습니다.

셋이 자기 아들에게 지어 준 이름인 '에노스'는 '죽을 수밖에 없는 존재'란 의미입니다. 셋 시대에 이르러서야 사람들은 뒤늦게 모든 인간은 '에노스', 즉 '죽을 수밖에 없는 존재'임을 자각한 것입니다. 셋은 그 중요한 깨달음을 자기 아들의 이름으로 삼았습니다. 자신의 아들이 '죽을 수밖에 없는 존재'에 지나지 않는 자기 한계, 자기 실상을 일평생 잊지 않고 살아가기를 바라는 염원이었습니다.

그리고 그때부터 인간들은 자발적으로 하나님을 부르기 시작했습니다. 그저 하나님의 이름을 한번 호칭해 보았다는 의미가 아니라, 하나님을 자기 생의 주인으로 모셔 들이고 그분의 말씀을 따라

살기 시작했다는 말입니다. 자신들이 죽을 수밖에 없는 존재임을 몰랐으면 모르되, 자기 죽음을 자각한 이상 생명의 근원이신 하나님의 말씀, 즉 인생을 창조하신 창조주의 인생 사용설명서를 좇아 살아가는 것 이외의 다른 대안이 있을 수 없음을 알았기 때문입니다. 자기본능과 욕망에 사로잡혀 계속 웃기고 자빠져 사느라 천하보다 더 귀한 생명을 더 이상 허망하게 갉아먹을 수는 없었던 것입니다. 만약 그때 자신들이 '에노스', 즉 죽을 수밖에 없는 존재임을 자각하지 못했던들 그들은 창조주를 마냥 외면, 웃기고 자빠지는 삶을 계속 살면서도 자신들이 웃기고 자빠졌음을 꿈속에서조차 깨닫지 못했을 것입니다.

자신이 에노스임을 자각하는 것, 자기 죽음을 인식하는 것은 이렇듯 중요합니다. 우리가 현재의 육체를 지닌 채 이 땅에서 사는 기간은 결코 무궁하지 않습니다. 그 기간은 언젠가 끝나게 되어 있습니다. 그날이 언제인지는 아무도 알지 못합니다. 그러나 그날은 반드시 오고, 그 누구도 그날을 피할 수는 없습니다. 죽음을 뜻하는 한자 '죽을 사(死)'는 '한 일(一)' 자와 '저녁 석(夕)' 자, 그리고 '비수 비(匕)' 자로 이루어져 있습니다. 즉, 죽음이란 어느 날 밤 비수처럼 불현듯 날아드는 것입니다. 한낮에 날아오는 비수라면 재주껏 피할 수도 있습니다. 그러나 땅거미가 깔린 어둠 속에서 날아오는 비수는 아무도 피할 수 없습니다. 이 사실을 통감한 자만 생명의 소중함을 알고, 생명을 창조하신 하나님의 말씀을 좇아 자신의 생명을 가꾸게 됩니다.

참된 생명의 추구도, 진리와 사랑의 삶도, 절제와 극기의 구현
도, 모두 죽음을 아는 것으로부터 시작됩니다. 죽음을 안다는 것은
생의 포기가 아니라 참된 생을 향한 새로운 출발을 의미합니다. 자
기 죽음을 인식한 자만 웃기고 자빠진 삶에 마침표를 찍을 수 있기
때문입니다.

"내기를 걸어라"

프랑스의 위대한 수학자이자 물리학자인 동시에 철학자였던 파
스칼은, 그의 나이 31세 되던 해 끔찍한 마차사고에서 구사일생으
로 목숨을 건졌습니다. 죽음은 멀리 있는 것이 아니라 항상 자기
곁에 있음을 생생하게 경험한 것입니다. 그 죽음의 체험 후에 회
심, 파스칼은 하나님을 자기 생의 주인으로 모셨습니다. 자신들이
에노스임을 자각한 셋 시대의 사람들이 여호와 하나님을 좇기 시
작한 것과 같은 이유에서였습니다. 그리고 39세의 젊은 나이로 세
상을 떠나기 전, 병의 고통 속에서 그가 남긴 글이 프랑스 정신의
최고봉으로 불리는 《팡세》입니다. 그가 에노스임을 자각지 못했던
들 태어날 수 없는 생명의 글들이었습니다. 그 파스칼이 우리에게
내기를 걸 것을 권하고 있습니다.

당신은 하나님의 존재를 부정하는가? 그렇다면 내기를 걸어라. 만일 하나님이 존재한다는 편에 내기를 걸고 당신이 이긴다면, 당신은 무한한 행복을 누리게 된다.

설령 하나님이 존재하지 않아 당신이 진다 해도 손해 볼 것은 전혀 없다. 그러므로 주저하지 말고 하나님이 존재한다는 편에 내기를 걸어라.

하나님의 존재를 믿는 쪽에 내기를 건 자는, 인간을 창조하신 하나님의 말씀을 인생 사용설명서로 받아들이고 그 말씀에 의거하여 자신의 삶을 바르게 구축하게 됩니다. 그리고 육체의 호흡이 끝나는 순간, 그는 영원하신 하나님 안에서 영원한 생명을 누리게 될 것입니다. 하나님을 믿었음에도 막상 죽고 보니 하나님이 아예 존재치 않는다 해도, 손해 볼 것이라곤 정말 아무것도 없습니다. 진리와 사랑을 좇아 이웃에 덕과 선을 행하고 자식 앞에서 바른 삶의 본을 보인 그의 인생 자체가, 이 땅에 살아 있는 많은 사람들에게 아름다운 삶의 이정표로 남을 것이기 때문입니다. 한 인간의 삶이 그가 세상을 떠난 뒤 살아 있는 사람들의 이정표로 세워지는 것보다 더 보람되고 행복한 삶은 없습니다.

그러나 하나님의 존재를 부정하는 쪽에 내기를 건 사람이라면, 지적 수준이나 경제적 능력에 상관없이 그는 하나님 보시기에 웃기고 자빠진 삶을 살 수밖에 없습니다. 하나님을 부정하는 그 자신이 자기 생의 하나님 노릇을 할 것이기 때문입니다. 그와 같은 사람은 삶의 모든 기준이 자기 자신이기에 살아가면서 많은 사람들에게 상처를 입히게 마련이고, 그 결과 그가 죽은 뒤에도 그의 삶의 족적은 산 사람들로부터 경원(敬遠) 당하고 말 것입니다. 더욱이 하나님을 부정하던 그의 코끝에서 호흡이 멈추는 순간 그제야 하나님께서 정말 존재하심을 확인한다면, 그때 그가 느낄 황당함을 이 세상의 어떤 언어로 표현할 수 있겠습니까?

　오래 전에 잠시 살던 아파트에서 있었던 일입니다. 그 아파트 화장실의 하수관은 벽 외부로 돌출되어 있었는데, 노후한 하수관 전부를 아파트 전체가 동시에 교체하게 되었습니다. 돌출해 있던 하수관을 일거에 제거하자, 집집마다 화장실 바닥과 천장에 구멍이 뻥 뚫려 서로 통하게 되었습니다. 그로 인해 갑자기 온 아파트에 쥐가 들끓기 시작했습니다. 당시 아파트 지하에 한식당이 있었는데, 그 식당 주방 하수구에 서식하던 쥐들이 화장실에 뚫린 구멍을 따라 온 아파트를 누비고 다니는 것이었습니다. 어쩔 수 없이 집안 곳곳에 쇠고기 미끼를 붙인 끈끈이 판을 설치하였습니다. 그리고 한밤중에 화장실의 문을 열고 불을 켰을 때였습니다. 커다란 쥐 한 마리가 끈끈이 판 한중간에 들러붙어 있었습니다. 쥐가 끈끈이 판에 붙었다는 것은 이제 죽었다는 의미입니다. 그런데 그 최후의 순간에 쥐가 대체 무엇을 하고 있었는지 아십니까? 아무 일도 없다는 듯, 끈끈이 판에 붙어 있는 쇠고기 미끼를 한가로이 뜯어먹고 있었습니다. 한마디로 웃기고 자빠져 있었습니다. 그것은 쥐가 자기 죽음을 전혀 인식지 못했기 때문입니다. 끈끈이 판에 붙었다는 것은 곧 죽음을 의미함을 몰랐던 것입니다. 자기 죽음을 자각했던들 끈끈이 판에서 벗어나기 위해 사력을 다하든지, 아니면 목이 터지도록 소리쳐 동료의 도움을 청할망정 그 위에서 그처럼 한가롭게 웃기고 자빠져 있지는 않았을 것입니다.

이 웃기고 자빠진 쥐가 실은 우리 자신의 실상인 것은 아닙니까? 자신이 에노스임을 깨닫지 못하여 이제껏 하나님의 존재를 부정하는 쪽에 내기를 걸어왔다면, 하나님 보시기에 우리의 모습은 영락없이 끈끈이 판에 붙은, 웃기고 자빠진 쥐의 형국일 수밖에 없습니다. 한밤중에 비수처럼 날아들 죽음을 의식지도 못한 채 마치 천년만년 살 것 같은 착각 속에서 단지 욕망과 본능을 좇아 사는 우리와, 죽음의 덫인 끈끈이 판에 붙어서도 태연하게 쇠고기 미끼만을 탐닉하고 있는 쥐 사이에 대체 무슨 차이가 있겠습니까? 이 사실을 깨닫는다면, 당장 내기를 다시 걸어야 하지 않겠습니까? 하나님의 존재를 부정하는 쪽에 걸었던 내기를 철회하고, 파스칼의 권유대로 하나님의 존재를 믿는 편을 선택해야 하지 않겠습니까?

해마다 한식(寒食)이면 많은 사람들이 조상의 산소를 찾습니다. 이번 한식에는 단순히 성묘만을 위해 산소를 찾지는 마십시다. 우리 자신의 실체를 직시하기 위해 조상의 묘지를 찾으십시다. 그 묘지에서, 언젠가 무덤 속에 드러누울 우리 자신, 에노스에 지나지 않는 우리의 실상을 똑바로 대면하십시다. 그날이 언제인지는 알 수 없지만, 그러나 그날이 불현듯 비수처럼 날아들 것임을 마음속에 각인하십시다. 즐비하게 늘어선 무덤과 무덤 사이에서 더 이상 지체치 말고, 하나님의 존재를 믿는 편에 내기를 거십시다. 그 죽음의 묘지에서부터, 생명의 근원이신 하나님을 온 중심을 다해 부르십시다. 하나님께서 죽을 수밖에 없는 에노스들을 구원해 주시려 이 땅에 보내신 구세주, 예수 그리스도를 우리 인생의 주인으로 모십시다.

그 순간부터 비로소, 죽음이 비수처럼 날아들었음에도 오직 본능에 사로잡혀 쇠고기 미끼에만 혈안이 된 끈끈이 판의 어처구니없는 쥐와 우리 자신은, 진정으로 구별될 것입니다. 죽음을 깨트리고 부활하신 예수 그리스도께서 웃기고 자빠졌던 우리의 인생을, 당신의 영원한 생명으로 새롭게 빚어 주실 것이기 때문입니다.

❖

하나님! 단 한 번뿐인 인생인데, 단지 눈앞의 미끼에만 혈안이 된 끈끈이 판의 쥐처럼 어처구니없는 삶을 살아왔음을 깨닫게 해 주셔서 감사합니다. 어느 날 비수처럼 죽음이 날아들면, 속수무책으로 죽을 수밖에 없는 에노스임을 일깨워 주심도 감사합니다. 이

제 온 중심을 다해 여호와 하나님을 부릅니다. 나의 죄 값을 대신 치러 주신 예수 그리스도를 내 인생의 주인으로 모십니다. 죽음을 깨트리고 부활하신 주님의 생명으로 새롭게 하여 주옵소서. 아멘.

04 "그 사람을 가졌는가"

······너희를 친구라 하였노니 내가 내 아버지께
들은 것을 다 너희에게 알게 하였음이니라
● 요한복음 15장 15절

〈장군의 아들〉과 〈친구〉

지금부터 15년 전, 그러니까 1990년에 개봉되었던 영화 〈장군의 아들〉은 전국에서 250만 명의 관객을 동원하며 새로운 흥행기록을 세웠습니다. 서울 개봉극장이던 단성사를 찾은 관객만도 678,946명으로 그때까지 서울관객 최고 기록이던 〈겨울여자〉의 58만 명을 단숨에 뛰어넘었습니다.

당시는 멀티플렉스 영화관이 없던 시절이므로 도시마다 단 한 개의 개봉관에서만 영화가 개봉되었습니다. 따라서 〈장군의 아들〉을 관람하기 위해 68만 명에 육박하는 관객들이 단성사 한 극장을 찾았다는 것은 예삿일이 아니었습니다. 68만 명이라면, 매일 전회 매진을 기록하며 하루 5,000명의 관객이 동원되어도 136일을 쉬지 않고 상영해야 달성할 수 있는 수치입니다. 그해 서울관객 동원 2위를 기록했던 영화는 리처드 기어와 줄리아 로버츠가 주연을 맡은, 게리 마샬 감독의 〈귀여운 여인〉이었습니다. 그 영화의 관객수는 395,371명에 지나지 않았습니다. 1위 〈장군의 아들〉에 비하면 형편없는 기록이었습니다. 이것만으로도 당시 〈장군의 아들〉이 얼마나 화제의 영화였는지 잘 알 수 있습니다.

홍성유 원작의 소설을 임권택 감독이 연출한 〈장군의 아들〉은 독립운동가 김좌진 장군의 아들인 김두한 씨의 젊은 시절을 다룬 영화입니다. 김두한 씨는 후에 6대 국회의원을 역임하기도 했지만, 그의 젊은 시절은 그리 밝지 않았습니다. 부랑아로 어린 시절을 보낸 그는 일제치하 말기 종로 일대를 주름잡던 주먹 왕이었는데, 그때의 이야기를 소재로 한 영화가 〈장군의 아들〉입니다. 이를테면 주먹으로 먹고사는, 그야말로 주먹들의 이야기가 전국에서 250만 명의 관객을 동원하며 공전의 대히트를 기록한 것입니다.

그로부터 몇 년이 지나지 않아 한국에도 한 영화를 여러 개의 극장에서 동시에 상영하는 멀티플렉스 영화관 시대가 개막되었습니다. 그로 인해 1999년 개봉되었던 영화 〈쉬리〉가 580만 명 관람이라는 신기록을 수립했고, 2000년 개봉작인 〈공동경비구역 JSA〉는 540만 명의 관객으로 흥행 2위를 기록하였습니다. 그러나 그 이듬해 개봉된 영화 〈친구〉가 무려 819만 명의 관객을 동원, 〈쉬리〉와 〈공동경비구역 JSA〉의 기록을 간단히 제압해 버렸습니다. 819만 명이라면, 단시일 내에 전 국민 6명 중에 한 명 꼴로 그 영화를 관람한 셈이 됩니다. 실로 엄청난 일이 아닐 수 없습니다. 물론 2003년 말과 2004년 초에 각각 개봉되었던 〈실미도〉와 〈태극기 휘날리며〉는 1천만 관객 동원이라는 전대미문의 대기록을 세웠습니다. 그러나 〈실미도〉가 전국 350개 스크린에서 그리고 〈태극기 휘날리며〉가 전국 430개 스크린에서 개봉되었던데 반해, 〈친구〉의 개봉관 수는 그 절반 정도인 190개였음을 감안하면 〈친구〉가 동원한 관객 819만 명은 실로 대단한 기록임을 알게 됩니다.

곽경택 감독이 메가폰을 잡은 영화 〈친구〉 역시 폭력세계에 빠진 친구들의 이야기로, 러닝타임 116분 내내 화면에는 온갖 폭력장면이 난무했습니다. 그런데 물경 819만 명이 그 폭력 소재의 영화를 보기 위해 극장을 찾았습니다. 극장상영이 종영된 뒤 출시된 비디오를 통해 관람했을 사람까지 다 합친다면, 영화 〈친구〉의 실제 관객 수가 얼마일는지는 어림짐작조차 불가능할 정도입니다. 〈친구〉의 경이적인 흥행 성공은 조폭영화 신드롬을 낳아 한동안 폭력배 이야기를 소재로 한 영화가 우후죽순처럼 쏟아져 나왔습니다. 하지만 멀티플렉스 시대 이전의 〈장군의 아들〉, 그리고 그 이후의 〈친구〉처럼 새로운 흥행기록을 수립하기에는 모두 역부족이었습니다.

'친구' 부재의 시대

1990년대 초 〈장군의 아들〉과 2000년대 초 〈친구〉가 똑같이 주먹과 폭력을 소재로 한 영화임에도 그토록 전 국민적인 화제를 불러일으킨 이유가 무엇이겠습니까?

본래 인간에겐 폭력을 즐기는 본능이 있습니다. 그러나 그것만
으로는 설명이 되지 않는 것은, 폭력을 다룬 여타의 영화들이 〈장
군의 아들〉이나 〈친구〉처럼 모두 신기록을 세우지는 못했기 때문
입니다. 그 두 영화가 뭇사람들을 사로잡을 수 있었던 것은 그것들
이 단순히 폭력영화여서가 아니라, 화면에 난무하는 폭력 속에 현
대인이 상실해 버린 것에 대한 아련한 그리움이 진하게 배어 있기
때문입니다. 다름 아닌 친구지간의 우정과 신의에 대한 그리움이
었습니다.

이 세상에 태어나 누군가와 서로 믿고 지켜야 할 도리를 다하면
서 깊은 우정을 나누며 산다는 것은 생각하는 것만으로도 가슴이
뭉클해집니다. 그러나 불행하게도 우리의 삶 속에서 우정이나 신
의란 단어는 이미 오래 전에 실종되어 버리고 말았습니다. 여러분
은 우정과 신의란 말을 언제 여러분의 입에 담아 보셨습니까? 전
혀 없거나, 혹 있더라도 아득히 먼 시절의 일일 것입니다. 이처럼
우리 삶에서 우정과 신의란 말이 통째로 사라져 버린 까닭이 무엇
이겠습니까?

사람과 사람 사이의 우정과 신의는 그 자체에 절대적 의미를 둘
때에만 꽃이 피고 또 깊어질 수 있습니다. 친구를 위해 목숨마저
버릴 수 있는 것은 이런 이유에서입니다. 그러나 오늘날 돈이 인간
세상의 절대가치로 부상하면서 우정과 신의는 본래의 절대성을 상

실하고 말았습니다. 다시 말해 우정과 신의가 돈의 하위개념으로 전락해 버렸습니다. 돈을 위해서라면, 경제적 유익을 위해서라면, 우정과 신의를 헌신짝처럼 내팽개치는 세상이 된 것입니다.

절대적 의미를 상실한 우정과 신의는 더 이상 우정도 신의도 아니기에, 우정과 신의가 실종된 곳에 진정한 친구가 존재할 리도 만무합니다. 서로 친하게 지내는 것 같다가도 이해관계가 엇갈리는 즉시 등을 돌리고 마는 것이 오늘의 인간 세태입니다. 현대인의 인간관계가 목숨마저 버릴 수 있는 우정과 신의가 아니라, 단지 경제적 이해득실의 토대 위에서 이루어지고 있기 때문입니다.

이런 관점에서 현대는 한마디로 '친구 부재의 시대'라 할 수 있습니다. 우리는 서로 알고 지내는 지인(知人)은 많지만 죽기까지 우정과 신의를 나눌 친구는 없는 외로운 존재, 이를테면 군중 속의 외톨이로 살아가고 있습니다. 이 고독한 군상(群像)들이 비록 폭력 영화이긴 하지만 〈장군의 아들〉과 〈친구〉 속에 깊이 배어 있는, 친구를 위해서라면 목숨도 아까워하지 않는 진한 우정과 신의에 자신도 모르게 몰입한 것은 조금도 이상한 일이 아니었습니다.

깊은 우정과 신의를 다룬 이야기나 그 이야기의 주인공에 대한 현대인의 몰입 현상은 단지 영화를 통해서만 나타난 것은 아닙니다.

박선호와 유지광

1979년 10월 26일, 김재규 중앙정보부장이 박정희 대통령을 저격하던 궁정동 현장에는 박선호 중앙정보부 의전과장도 있었습니다. 그는 김재규 부장의 명령에 따라 대통령 경호원들을 사살하는 역할을 담당하였습니다. 사건 후 체포되어 김재규 부장과 함께 법정에 선 박선호 과장은 재판이 끝나기까지 자신의 상관이었던 김 부장에 대해 단 한 번도 불리한 증언을 하지 않았고, 자기 부하에 대해서는 선처를 호소했습니다. 해병대 출신인 그는 형장의 이슬로 사라지기 전 그 유명한 말을 남겼습니다.

"한 번 해병은 영원한 해병, 해병은 의리에 살고 의리에 죽습니다."

상관의 명령에 복종한 죄로 비록 사형을 당하지만 죽는 순간까지 자신이 모셨던 상관과 수하의 부하에 대한 신의, 즉 믿음과 의리를 끝까지 지켰던 박선호 씨에 대해 당시 여론은 매우 우호적이었고, 많은 사람들이 그의 죽음을 안타까워했습니다. 10·26 사건 현장에서 상관의 명령에 복종했던 행위의 적법성 여부를 떠나, 죽음 앞에서도 굳게 지켰던 인간에 대한 그의 신의가 보석처럼 돋보였기 때문입니다.

그로부터 10년이 지난 1988년 11월 17일, 자유당 시절 동대문시장을 중심으로 굵직굵직한 정치사건에 연루되었던 주먹대장 유지광 씨가 별세했을 때에도 마찬가지였습니다. 전국에서 무려 3,000명의 조문객들이 그의 빈소를 찾았습니다. 홍콩, 대만, 일본에서도 조문객이 날아왔는데, 일본 조문객의 수는 100명을 넘었습니다. 그뿐 아니라 빈소 앞에서 그의 죽음을 애석해하며 후배 300명이 삭발을 단행하기까지 했습니다.

이 모든 이야기는 언론을 통해 상세하게 보도되었습니다. 당시 그의 장례식과 관련하여 비판적이거나 부정적인 기사를 다룬 언론은 없었습니다. 오히려 대부분 미담을 다루듯 보도하여, 기사를 접한 사람들이 고인을 부러워하기까지 하였습니다. 국가원수나 재벌 총수의 장례식엔 3,000명 이상의 조문객이 몰려들 수도 있습니다. 그러나 그들 중에 진정으로 고인의 죽음을 애석해하는 사람이 과연 몇 사람이나 되겠습니까?

유지광 씨가 숨을 거둘 때 그는 거창한 직책이나 권력의 자리에 있지 않았습니다. 4·19 후 사형언도를 받고 복역하던 중, 형 집행 중지로 출소한 그는 낙향하여 나름대로 역사와 민족 앞에 속죄의 길을 걷다가 63세 되던 해, 한 명의 자연인으로 세상을 떠났을 뿐입니다. 그런데도 그 자연인의 죽음을 안타까워하는 사람들이 전국은 물론이요, 외국에서까지 3,000명이 넘게 몰려들었습니다. 사람들은 그 조문 행렬을 통해 세상에서 흔히 찾아보기 힘든, 인간의 인간에 대한 우정과 신의를 목격하고 그것을 부러워했던 것입니다.

90년대에 들어와 유지광 씨의 이야기가 '무풍지대'란 제목의 TV 드라마로 방영되어 폭발적인 인기를 누렸습니다. 당시 유지광 역을 맡았던 탤런트 나한일 씨는 이 한 편의 드라마로 스타덤에 오르기도 했습니다. 그런가 하면 2년 전엔 김두한 씨의 주먹 이야기가 다시 TV 드라마로 안방을 찾았습니다. '야인시대'란 제목의 그 드라마 역시 엄청난 인기몰이를 하였음은 두말할 나위도 없습니다.

이 모든 현상은 현대인이 참된 우정과 신의에 얼마나 목말라하고 있는지, 다시 말해 이 시대가 얼마나 황폐하고 삭막한 친구 부재의 시대인지를 여실히 증명해 주고 있습니다. 우리의 삶 속에서 참된 우정과 신의가 회복되지 않는 한, 앞으로도 기회 있을 때마다 김두한 씨와 유지광 씨의 이야기는 영화와 방송에서 삼탕 사탕 우려질 것이 분명합니다.

"그 사람을 가졌는가"

다음은 김종성 씨의 〈친구에게 바치는 시〉입니다.

새벽에 잠깨면
언제나 혼자였다.

그 혼자라는 사실 때문에
난 언제나 눈을 뜨기 싫었다.

이렇게 나는 어디로 휩쓸려 가는가?

이젠 목마른 젊음을
안타까워하지 않기로 하자.

찾고 헤매고 또 헤매어도
언제나 빈손인 이 젊음을
더 이상 부끄러워하지 않기로 하자.

누구나 보균하고 있는 희망이란 병은
밤에 더욱 심하다.
마땅한 치유법이 없는 그 병의 증세는
무언가에 대한 지독한 그리움이다.

기쁨보다는 슬픔,
환희보다는 고통,
만족보다는 회한이 더했던
우리의

그러나 설사 그렇다 하더라도
우리가 어찌 사랑하지 않을 수 있으랴?
그대가 없는 이 세상을
어찌 살아갈 수 있으랴?

길이 있었다.
늘 비틀거리며 가야 하는 길이었기에
눈물겨웠다.

그런데 저기 저만치 또 한 사람
울고 있는 사람이 있었다.

나는 그를 친구라 부른다.

친구 없는 외로움을, 그리고 참된 친구에 대한 갈증과 갈망을 가슴이 시리도록 생생하게 묘사한 시입니다. 군중 속의 외톨이인 현대인의 고독을 이보다 더 잘 표현하기는 쉽지 않을 것입니다.

고(故) 함석헌 선생도 '그 사람을 가졌는가'라는 제목의 시를 통해 우리에게, 우리 자신의 친구관계를 되돌아보지 않을 수 없는 질문을 비수처럼 던지고 있습니다.

만 리 길 나서는 길
처자를 내맡기며
맘 놓고 갈 만한 사람
그 사람을 그대는 가졌는가

온 세상 다 나를 버려
마음이 외로울 때에도
'저 맘이야' 하고 믿어지는
 그 사람을 그대는 가졌는가

탔던 배 꺼지는 시간
구명대 서로 사양하며
"너만은 제발 살아다오" 할
 그 사람을 그대는 가졌는가

불의의 사형장에서
"다 죽여도 너희 세상 빛을 위해
저만은 살려 두거라" 일러 줄
그 사람을 그대는 가졌는가

잊지 못할 이 세상을 놓고 떠나려 할 때

"저 하나 있으니" 하며

빙긋이 웃고 눈을 감을

그 사람을 그대는 가졌는가

온 세상의 찬성보다도

'아니' 하고 가만히 머리 흔들 그 한 얼굴 생각에

알뜰한 유혹을 물리치게 되는

그 사람을 그대는 가졌는가

함석헌 선생은 한마디로 목숨을 던지면서까지 우정과 신의를 함께 나눌 수 있는 참된 친구가 있는지를 묻고 있습니다. 이런 친구가 온 세상에 지천으로 깔려 있다면 구태여 이와 같은 질문을 던질 까닭이 없습니다. 그런 사람, 그런 친구 찾기가 얼마나 어려우면 "그 사람을 가졌는가"라고 거듭거듭 되묻고 있겠습니까?

여러분은 어떻습니까? 여러분에겐 죽음마저 함께 나눌 이런 사람, 이런 친구가 있습니까? 만약 여러분께서 저를 향해, 네겐 과연 그런 친구가 있느냐고 물으신다면 저는 주저 없이 "그렇다"고 답변할 것입니다. 사실은 여러분 모두에게 그 친구를 소개해 드리기 위해 오늘 이 자리에 섰습니다. 제가 드리려는 소개는 영화 〈여친소〉, '내 여자친구를 소개합니다' 식의 피상적인 소개가 아닙니다. 남의 여자친구를 소개받아 본들 앞으로 마주칠 때 인사를 주고받는 것이외에 무슨 의미가 있겠습니까?

그러나 제가 여러분께 그 친구를 소개해 드리려는 것은, 제가 그 친구와 나누고 있는 깊은 우정과 신의를 여러분 역시 그와 더불어 누리게 해 드리기 위함입니다. 혹 이런 의아심을 품는 분이 계실지 모르겠습니다. 우리의 연령과 성격이 천차만별인데 제 친구가 어찌 여러분 모두의 친구가 될 수 있겠느냐고 말입니다. 그런 것은 제 친구에겐 전혀 문제가 되지 않습니다. 사실을 말씀드리면, 그 친구는 본래 제 부모님의 친구였습니다.

함석헌 선생의 여섯 가지 질문

함석헌 선생의 첫 번째 질문은 다음과 같았습니다.

만 리 길 나서는 길 / 처자를 내맡기며 /
맘 놓고 갈 만한 사람 / 그 사람을 그대는 가졌는가

제가 5녀2남의 막내로 태어났을 때, 제 아버님과 어머님의 연세는 40세와 39세였습니다. 그로부터 얼마 지나지 않아 제 형이 세상을 떠났기에 저는 본의 아니게 외아들이 되었습니다. 딸 다섯에 하나밖에 없는 외아들이요 막내였으니, 제 부모님께 저는 참으로 귀한 자식인 셈이었습니다.

제가 중학교 3학년이 되던 해 초, 갑자기 제 아버님께서 54세를 일기로 타계하셨습니다. 그때 눈에 넣어도 아프지 않을 외아들, 겨우 열다섯에 불과한 어린 독자를 남겨 두고 먼저 떠나시는 아버님의 심정이 어떠했겠습니까? 아버님께서는 세상을 떠나시며 어린 저를 당신의 친구분에게 맡기셨습니다. 아버님의 친구분은 기꺼이 저를 거두어 주시고, 아버님의 빈자리를 빈틈없이 메워 주셨습니다. 제 어머님과 누님들 역시 그분이 책임져 주셨음은 물론입니다. 제 아버님께는 이처럼 "만 리 길 나서며 처자를 내맡기고 맘 놓고 갈 만한 그 사람", 그런 친구가 있었습니다.

함석헌 선생의 두 번째 질문입니다.

온 세상 다 나를 버려 / 마음이 외로울 때에도 /
'저 맘이야' 하고 믿어지는 / 그 사람을 그대는 가졌는가

아버님의 친구 분이라면 제게는 그분 역시 아버님뻘이 됩니다. 그러나 그분은 저를 자식처럼 대하지 않았습니다. 그분은 아주 자연스럽게 저를 당신의 친구로 삼아 주었습니다. 그래서 우리는 마치 백년지기처럼 절친한 친구가 되었습니다. 젊은 나이에 사업을 시작했던 제게는 많은 친구들이 있었습니다. 술친구, 도박친구들이 줄을 지어 있었습니다.

어느 날 제가 경영하던 회사에 부도가 나고 제 주머니가 비게 되자, 그들은 더 이상 제 주위에 머물려 하지 않았습니다. 그러나 그 친구는 달랐습니다. 그 친구만은 항상 제 곁에 있었습니다. 제가 절망과 고독의 심연 속에서 홀로 몸부림칠 때에도 그 친구는 변함없이 저를 위로하며 제 곁을 지켜 주었습니다. 그래서 "온 세상 다 나를 버려 마음이 외로울 때에도 '저 맘이야' 하고 믿어지는 그 사람을 그대는 가졌는가"라는 질문에 저는 자신 있게 '가졌다'고 답할 수 있습니다.

함석헌 선생의 세 번째 질문입니다.

탔던 배 꺼지는 시간 / 구명대 서로 사양하며 /
"너만은 제발 살아다오" 할 / 그 사람을 그대는 가졌는가

그렇습니다. 제게는 그 친구가, 함석헌 선생이 질문한 바로 '그 사람'입니다. 그 친구는 저를 살리려 자신의 목숨을 버렸습니다. 제가 무슨 대단한 일을 했거나 의로운 사람이기 때문이 아니었습니다. 저는 단지 흉측한 범법자였을 뿐임에도 그 친구가 저에 대한 우정과 신의를 다하기 위해, 제가 받아야 할 법의 심판을 대신 받아 준 것입니다. 그래서 그 친구를 생각만 하면, 저는 저며 오는 제 가슴을 억누를 길이 없습니다.

함석헌 선생의 네 번째 질문입니다.

불의의 사형장에서 / "다 죽여도 너희 세상 빛을 위해 /
저만은 살려 두거라" 일러 줄 / 그 사람을 그대는 가졌는가

그 친구가 제게 베풀어 준 것에 비하면 제가 그에게 해 준 것이
라곤 아무것도 없습니다. 오히려 그 친구 앞에서 추태나 부리고,
항상 실망만 안겨 주었다는 것이 저의 솔직한 심정입니다. 하지만
그 친구는 제게 단 한 번도 실망의 기색을 보인 적이 없습니다. 그
는 언제나 저를 격려하며 희망을 돋우어 줍니다. 심지어 제가 타락
과 방탕의 늪 속에 빠져 있을 때조차 너는 세상의 빛이 될 것이라
고, 너는 세상의 어둠을 밝히는 등대가 될 것이라고, 너로 인해 많
은 사람들이 인생행로를 바르게 찾게 될 것이라고, 다른 사람은 몰
라도 너만은 반드시 그렇게 될 것이라고 계속 저를 믿고 격려해 주
었습니다. 제가 오늘 이 정도의 모습으로나마 살아갈 수 있는 것은
전적으로 그 친구의 믿음과 격려 덕분입니다.
  함석헌 선생의 다섯 번째 질문입니다.

잊지 못할 이 세상을 놓고 떠나려 할 때 /
"저 하나 있으니" 하며 / 빙긋이 웃고 눈을 감을 /
그 사람을 그대는 가졌는가

물론 가지고 있습니다. 저는 이 땅에서 천년만년 살 수 없음을

잘 알고 있습니다. 언젠가 이 세상을 반드시 떠나야 할 그날을 매일 대비하며 살고 있습니다. 제게는 사랑하는 아내가 있습니다. 오늘의 제가 있기까지 썩어지는 한 알의 밀알이 되어 준 제 인생의 은인이요, 천하를 다 준다 해도 포기할 수 없는 제 생명 그 자체입니다.

제게는 또 네 명의 아들이 있습니다. 어느 한 명 소중하지 않고 사랑스럽지 않은 아들이 없습니다. 네 명 모두 저와 분리해서 생각할 수 없는 저 자신의 귀한 분신들입니다. 모든 아버지가 다 그렇듯이 저 역시 사랑하는 아들들을 위해서라면 언제든지, 그리고 기꺼이 제 생명마저 희생할 수 있습니다. 하지만 그날이 오면, 저는 그토록 사랑하는 제 아내와 아들들을 남겨두고 먼저 이 땅을 떠날 것입니다. 그렇더라도 저는 당황하거나 괴로워하지 않을 것입니다. 함석헌 선생의 표현대로 "저 하나 있으니" 하며, 제 아버님께서 그러셨던 것처럼 저 역시 제 처자를 그 친구에게 맡기고 감사의 미소를 지으며 길을 떠날 것입니다. 42년 전 세상을 떠나신 제 아버님으로부터 당신의 처자식을 부탁받았던 그 친구가 제 어머님과 저희 남매를 온전히 책임져 주었던 것처럼, 제 아내와 제 자식들 또한 그가 완벽하게 거두어 줄 것을 너무나도 잘 알기 때문입니다.

함석헌 선생의 마지막 질문은 다음과 같이 끝을 맺고 있습니다.

온 세상의 찬성보다도 / '아니' 하고 가만히 머리 흔들

그 한 얼굴 생각에 / 알뜰한 유혹을 물리치게 되는 /
그 사람을 그대는 가졌는가

이 질문에 대한 제 답변 역시 '그렇다'는 것입니다. 제 평생토록 그 친구가 제게 보여 준 우정과 신의를 생각하면 저는 어떤 경우에도 그 친구를 배신할 수 없습니다. 세상이 온갖 달콤한 유혹의 덫을 던진다 한들 그 친구와의 관계를 끊을 수는 없습니다. 제 생명이 다하기까지 언제 어디서나 그 친구와 한 길을 걸어갈 것입니다. 그는 제 친구요, 저는 그의 친구이기 때문입니다.

저를 위해 자신의 생명을 던지기까지 우정과 신의를 다해 준 친구에게 저 역시 우정과 신의로 되갚지 않는다면, 불의한 짓을 서슴지 않으면서도 동료간의 신의와 의리만은 철칙으로 여기는 폭력배보다 나을 바가 대체 무엇이겠습니까? 더욱이 그 친구가 나를 인도하는 길이 물거품처럼 한순간에 허망하게 사라져 버릴 길이 아니요, 바르고도 참된 탄탄대로임에야 무슨 재론의 여지가 있겠습니까? 그래서 저는 함석헌 선생의 여섯 번에 걸친 "그 사람을 가졌는가"라는 질문 앞에서 여섯 번 모두 똑같은 대답을 반복할 수밖에 없습니다. 제게는 정말 그런 사람, 그런 친구가 있다고 말입니다.

삶 속에 실존하는 '그 친구'

그 친구는 공상 속의 인물도, 소설이나 드라마의 주인공도 아닌, 우리의 삶 속에 실존하고 있는 친구입니다.

우리는 앞서 인간이 '에노스', 즉 자신이 죽을 수밖에 없는 존재임을 자각함과 동시에 비로소 하나님을 찾기 시작하였음을 알았습니다(〈"웃기고 자빠졌네"〉 참조). 자기 죽음을 인식한 이상 생명의 근원이신 하나님을 찾는 길 이외의 대안이 없었기 때문입니다. 하나님께서는 불쌍한 인간들의 요청을 마다치 않고 응해 주셨습니다. 당신의 독생자를 이 땅에 보내 주신 것입니다. 개의 새끼는 언제나 개요 사람의 자식은 항상 사람이듯이, 하나님의 독생자 역시 하나님이십니다. 인간을 살리시기 위해 성자 하나님께서 친히 인간 역사 속으로 들어오신 것입니다. C. S. 루이스의 지적처럼 이것은 인간의 상상을 초월하는 일이었습니다.

그때까지 인간에게 하나님은 인간의 역사를 뛰어넘어 아득히 높은 곳에 계시는 분이었습니다. 인간들은 그 높으신 하나님에게 다가가기 위해 안간힘을 쏟아야만 했습니다. 그런데 인간의 삶 속으로 성자 하나님께서 직접 내려오신 것입니다. 더욱이 그분은 인간이 받아야 할 죄의 형벌을 대신 받으시기 위해 당신의 생명을 내어놓으셨습니다. 당신 자신을 제물 삼아 인간을 살리신 것입니다. 그리고 사흘째 되는 날 죽음을 깨트리고 부활하심으로 인간을 위한

105

영원한 생명의 길이 되어 주셨습니다. 그 성자 하나님께서 요한복음 15장 15절을 통해 우리에게 이렇게 말씀하고 계십니다.

> 이제부터는 너희를 종이라 하지 아니하리니 종은 주인의 하는 것을 알지 못함이라 너희를 친구라 하였노니 내가 내 아버지께 들은 것을 다 너희에게 알게 하였음이라

그분은 피조물에다 더러운 죄인인 우리를 노예처럼 다루지 않습니다. 노예는 주인과 인격적인 관계를 맺을 수 없습니다. 자신의 모든 것을 종에게 일러 주는 주인도 없습니다. 그런데도 그분은 노예보다 못한 우리를 자신의 친구로 맞아 줍니다. 인간이 하나님의 친구가 된다는 것은 인간이 원한다고 이루어지는 일이 아닙니다. 그분이 우리를 자신의 반열로 끌어올려 줌으로 가능합니다.

진정한 친구는 서로 숨기는 것이 없습니다. 깊은 속마음까지 다 털어놓습니다. 한 피를 이어받은 형제를 위해 죽는 사람은 거의 없지만, 친구를 위해 사지(死地)마저 두려워하지 않는 사람은 있습니다. 그래서 우리의 친구가 된 그분은 자신이 알고 있는 성부 하나님의 모든 말씀을 우리에게 일러 주었습니다. 자기 속에 품고 있던 생명과 사랑을 우리에게 호리(毫釐)도 남김없이 송두리째 쏟아 주었습니다. 그 위에, 우리를 위해 자신의 생명마저 아까워하지 않았습니다. 이처럼 죽음마저 불사한 친구이기에, 그 친구의 우정과 신

의는 언제나 한결같습니다. 그 좋은 친구의 이름은 예수, 예수 그리스도입니다.

뜻하지 않은 사고를 당하여 불구가 되고서야 장애우의 아픔을 비로소 이해하게 되고, 남편이나 아내와 사별한 뒤에야 홀로 사는 사람의 외로움과 어려움을 헤아릴 수 있습니다. 이처럼 동일한 입장에 처하지 않고서는 서로 공유할 수 없는 이해를 심리학 용어로 '공감적 이해'라고 합니다. 사람이 개를 자식처럼 사랑할 수는 있지만 개에 대해 공감적 이해를 가질 수는 없습니다. 사람은 어떤 경우에도 개가 될 수 없기 때문입니다. 마찬가지로 아무리 명견이라 한들 개 역시 사람에 대한 공감적 이해는 불가능합니다. 인간의 고뇌가 얼마나 깊고 무거운지 개는 전혀 알지 못합니다. 개는 항상 개일 뿐, 개 역시 사람이 될 수는 없는 까닭입니다. 그러나 예수님은 하나님이시면서도 인간으로 이 땅에 태어나 인간의 애환을 몸소 겪어 보았기에, 인간에 대한 공감적 이해를 바탕으로 우리의 친구가 되어 우리를 도와주십니다.

예수님은 짐승 우리에서 짐승의 밥통을 침대로 삼아 이 땅에 태어났습니다. 거지의 자식도 그보다는 나은 환경에서 태어납니다. 예수님은 그처럼 가장 낮고 비천하게 태어났기에 이 세상에서 비천한 사람들을 공감적으로 이해하는 그들의 친구가 됩니다. 예수님은 달동네에서 가난한 목수로 살았습니다. 그의 고객 또한 모두 빈민들이었습니다. 그래서 예수님은 모든 가난한 사람들의 공감적 친구가 됩니다. 예수님은 사랑했던 제자로부터 배신당하는 쓰라림을 겪었기에, 믿었던 사람의 배신과 그로 인한 실패로 몸서리치는 사람의 진정한 친구가 됩니다. 예수님은 죄 없이 죄의 벌을 받았기에 억울하게 모함당하는 사람의 고통과 아픔을 압니다. 예수님은 죄인을 살리기 위해 죄인처럼 형벌을 받았기에 죄를 짓고 죄의 두려움에 떨고 있는 자의 마음을 헤아립니다.

더욱이 예수님은 하나님의 아들이었습니다. 이 세상에 태어난 인간 중에 하나님의 아들보다 더 높은 자는 없습니다. 천하 제왕도 하나님의 아들에 비하면 아무것도 아닙니다. 이처럼 예수님은 이 세상에서 가장 높은 자였기에 높고 부유한 자도 공감적으로 이해합니다. 높은 직책의 사람에게는 남보다 높기 때문에 피할 수 없는 고독과 아픔이 있습니다. 부유한 자는 남보다 가진 것이 많기에 져야 하는 짐과 부담이 있습니다. 세상에서 가장 높은 자였던 예수님은 그들의 그 외로움과 중압감을 공감적으로 알고 그들의 친구가 됩니다. 그뿐 아닙니다. 자신이 직접 죽음을 경험한 뒤 그 죽음을 깨트리고 부활한 예수님은 하루하루 공동묘지를 향해 내달리고 있는 인간의 처지를 공감적으로 이해, 우리를 향해 영원한 생명의 손길을 내밀어 주는 더없이 좋은 친구입니다.

헨리 나웬은 《죽음, 가장 큰 선물》이란 제목의 책 속에서 공중곡예사의 이야기를 전해 주고 있습니다. 서커스의 백미는 뭐니 뭐니 해도 공중곡예입니다. 공중그네에 거꾸로 매달린 사람과 그네 사이를 날아다니는 사람이 있어, 거꾸로 매달린 사람이 매번 날아오는 사람을 잡아 주고 방향을 바꾸어 줍니다. 언뜻 보기에는 이리저리 날아다니는 사람의 역할이 더 중요해 보입니다. 그러나 실제로는 정반대라고 합니다.

날아다니는 곡예사의 역할은 거꾸로 매달린 사람을 향해 그냥 날아가는 것뿐입니다. 만약 그가 자신의 힘이나 능력으로 거꾸로 매달린 사람의 손을 잡으려 하면 다 같이 손목이 부러지거나, 아니면 서로 어긋나 떨어져 버립니다. 따라서 날아가는 자는 온몸의 힘을 뺀 채, 거꾸로 매달린 자가 반드시 자신을 잡아 주리라는 믿음으로 두 팔을 내밀고 자신을 내맡기기만 하면 됩니다. 이 사실을 알고 공중곡예를 다시 보면, 날아가는 자에 비해 그를 붙잡아 주기 위해 거꾸로 매달려 있는 사람이 체력이나 경륜 등 모든 면에서 월등함을 알 수 있습니다. 그렇지 않고서는 오직 자신만을 믿고 무방비 상태로 날아오는 곡예사를 안전하고도 굳건하게 붙잡아 줄 수는 없을 것입니다.

우리 죽음의 순간도 이와 같습니다. 우리의 코끝에서 호흡이 멎는 순간, 우리가 할 일이란 우리의 친구인 예수님을 믿고 그를 향해 날아가는 것뿐입니다. 그때 그 친구는 죽음을 깨트린 그의 강한 팔로 우리를 붙잡아 영원한 생명의 길로 인도해 줄 것입니다. 예수님이 에노스인 우리를 자신의 친구로 삼아, 자신의 목숨을 버리기까지 우리에게 우정과 신의를 다한 궁극적 목적이 바로 거기에 있

109

기 때문입니다. 이것이 제 아버님께서 이 세상을 떠나시며 당신의 처자식을 그 친구에게 맡긴 까닭이며, 저 역시 그날이 오면 제 아버님과 똑같이 할 것입니다. 그리고 저는 제 두 팔을 치켜들고 그 친구를 향해 영원 속으로 날아갈 것입니다.

사랑하는 형제자매 여러분!

얼마나 친구를 찾기가 어려우면, 사람들이 폭력영화 속 주먹들의 우정과 의리로 위안을 삼겠습니까? 이 친구 부재의 시대에 진정한 친구의 친구가 되지 않겠습니까? 그 친구는 멀리 있지 않습니다. 여러분 개개인을 이미 공감적으로 이해하고 있는 그 친구는 여러분을 돕는 영원한 친구가 되기 위해 지금 이 자리에 와 있습니다. 주저 말고 그 친구를 자신의 친구로 맞아들이십시오. 그 친구를 좇아, 그 친구와 더불어 인생길을 걸어가십시오. 그 친구의 충고와 도움을 즐겁게 받아들이십시오. 그 순간부터 그 친구의 영원한 우정과 신의 속에서 여러분의 인생은 전혀 새로워질 것입니다. 그 친구 예수 그리스도는, 천지를 창조하신 하나님이시기 때문입니다.

❖

친구 부재의 시대에 우리의 친구 되어 주시려 이 시간 우리 가운데 친히 와 계신 예수님! 우리 모두 예수님을 우리의 친구로 영접합니다. 오늘부터 예수님의 영원한 우정과 신의 속에서 우리 삶의 내용과, 의미와, 질과, 차원이 새로워지게 하옵소서. "만 리 길 나서는 길, 처자를 내맡기며, 맘 놓고 갈 만한 사람, 그 사람을 그대는 가졌는가"라는 질문 앞에서 주저 없이 "그렇다"고 대답하는 보람찬 인생을 살아가게 하옵소서. 그리고 우리의 코끝에서 호흡이 멎는 그날, 우리 모두 두 팔을 치켜들고 친구를 향해 영원 속으로 날아가는 감격을 누리게 하옵소서. 아멘.

05 천생배필

……그러므로 하나님이 짝지어 주신 것을 사람이
나누지 못할지니라 하시더라 ●마가복음 10장 6-9절

신혼여행객 속에서

얼마 전 일이 있어 싱가포르로 출국하던 날은 월요일이었습니다. 아침 9시 출발예정인 싱가포르 항공을 타기 위해 7시경 인천 공항에 도착했습니다. 싱가포르 항공 체크인카운터를 찾은 제게 그곳의 광경은 매우 생소하게 느껴졌습니다. 어느 항공사든 탑승객의 대다수가 30대 이상인데 반해, 그날 아침 싱가포르 항공 카운터 앞에 줄지어 서 있는 승객은 거의 젊은 청년 커플들이었습니다. 아무리 둘러보아도 제 나이 또래의 승객은 단 한 명도 없었습니다. 제 수속 차례가 되기까지 쌍쌍의 청년들 틈에서 외톨이로 기다리는 저의 표정이 다소 어색했던지, 마침 근처에 있던 싱가포르 항공사 직원이 제게 다가와 말을 걸었습니다.

"좀 어색하시지요? 월요일 아침에 출발하는 저희 승객은 거의 신혼여행 커플들입니다. 그래서 월요일의 일반승객은 주로 저녁 비행기를 이용하지요."

말하자면 저는, 그 전날인 주일 오후에 결혼식을 치르고 날이 새자마자 신혼여행을 떠나는 신혼부부들 사이에 둘러싸여 있는 셈이었습니다.

모든 수속을 다 마치고 비행기에 탑승하였습니다. 저를 제외하고는, 좌석마다 신혼부부들이 짝지어 자리를 잡았습니다. 어느 커플치고 다정해 보이지 않거나 행복해 보이지 않는 커플이 없었습니다. 정말 아름다운 모습들이요, 흡사 신혼부부를 위한 전세기 같은 그 비행기 안에 제가 앉아 있다는 것은 특별한 경험임이 분명했습니다. 그렇다고 제 마음이 마냥 밝고 편하기만 한 것은 아니었습니다. 이제 새로운 인생 행로에 나선 그 젊은이들의 장도(壯途)를 진심으로 축복해 주고 싶은 마음과 함께 또 다른 한편으로는, 앞으로 신혼의 열정이 가신 뒤에 전개될 그들의 미래에 대한 우려를 지울 수 없었기 때문입니다.

작년 여름 대한항공으로 중국에 다녀올 때의 일입니다. 그날 역시 이른 아침에 인천공항에 도착한 저는 출국수속을 위해 대한항공 모닝캄회원 대기 행렬에 서 있었습니다. 잠시 후 제 뒤에 있던 남자가 휴대폰으로 통화를 시작했습니다. 그는 낮은 목소리로 속삭이듯 이야기했지만, 바로 제 귀 뒤에서 나는 소리라 통화 내용이 그냥 들렸습니다. 그는 공항에서 만나기로 약속한 누군가와 통화하는 중이었습니다.

"공항에 들어왔어? 대한항공 팻말 보이지? 그리로 쭉 와 봐. 됐어, 난 당신이 보여. 거기서 오른쪽으로 고개를 돌려 봐. 나 보여?"

그 소리에 제 고개가 자연스럽게 왼쪽으로 돌아갔습니다. 젊은 여인이 휴대폰을 귀에 대고 우리 쪽을 향해 손을 흔들고 있었습니다. 남자의 목소리가 다시 들렸습니다.

"오케이! 그럼 당신은 그쪽 카운터에서 체크인 해. 비행기에 탑승하기 전에 또 전화할게. 비행기가 도착하면 공항 빠져나가서 만나는 거 알지? 그래, 거기서 봐."

목소리는 중년 이상이 분명한데도 그는 마치 젊은이처럼 다정스럽게 속삭였습니다. 그리고 그는 이내 또 다른 통화를 하였습니다. 이번에는 착 내리깔린 목소리로, 통화 내용 또한 지극히 간결했습니다.

"나야. 애는 학교 갔어? 갔다 올게."

조금 전 통화 때와는 분위기가 달라도 너무 달랐습니다. 이미 눈치 채셨겠지만 그가 처음 통화한 상대는 불륜관계의 젊은 여성이요, 두 번째 통화자는 아무것도 모른 채 집을 지키고 있는 조강지처였습니다. 그는 아내를 속이고 다른 여성과 해외로 애정행각에 나선 길이었습니다. 혹 공항이나 비행기 속에서 아는 사람을 만날까 봐 그 여성과는 각각 다른 카운터를 이용하여 출국수속을 하고, 서로 다른 좌석에 앉아 목적지에 도착한 뒤, 공항을 빠져나가서야 만나기로 하는 주도면밀함을 지닌 인간이었습니다.

저는 대체 그 철면피 같은 인간이 어떻게 생긴 작자인지 뒤를 돌아보고 싶은 마음을 간신히 억제했습니다. 그 작자와 시선이 마주

치면 한 대 후려칠 것만 같았기 때문입니다. 생각할수록 남편으로부터 철저한 따돌림과 속임을 당하고 있는 그 작자의 아내는 참으로 불쌍한 여인입니다. 그러나 이것이 어찌 그 부부만의 이야기이겠습니까? 이 시간에도 자신의 조강지처를 속이고 외간 여자에게 돈과 마음과 시간을 송두리째 쏟아붓고 있는 남자들이 얼마나 많겠습니까?

우스개에 담긴 진실

물론 정반대의 경우도 있습니다. 한 중년 남자의 상담전화를 연거푸 몇 차례나 받은 적이 있습니다. 그의 아내가 학교 동창생들과 해외관광여행을 다녀왔습니다. 그 이후 몇 달 간격으로 계속 해외여행을 떠났습니다. 그때마다 동창생들과의 여행이라고 했지만 아내의 언행에는 석연치 않은 구석이 많았습니다. 또다시 아내가 해외여행을 떠난 뒤 남편은 아내와 가까운 동창생들에게 연락을 취해 보았습니다. 아내와 함께 해외여행을 떠난 동창생은 없었고, 과거에 아내와 출국했었다는 동창생도 없었습니다. 그러고 보니 언젠가 아내와 함께 우연히 아내의 옛 애인을 만난 기억이 났습니다.

남편은 아내가 출국할 때 탑승한 항공편과 귀국 시 이용할 항공편의 승객 명단을 확인해 보았습니다. 아니나 다를까 그 남자 역시 아내와 똑같은 비행기로 출국했다가 함께 귀국하는 것으로 나타났습니다. 결국 여행에서 돌아온 아내는 증거를 제시하는 남편의 추궁에 옛 애인과 해외에서 벌여온 불륜행각을 고백하지 않을 수 없었습니다. 그녀는 자신의 잘못을 시인하고, 자식들의 장래를 위해 용서해 줄 것을 간청했습니다. 그 상황에서 과연 자신이 어떻게 처신해야 할지 번민하던 그는 제게 몇 차례나 상담전화를 했던 것입니다.

저는 그와 통화하는 내내 수화기에서 들려오던, 아내로부터 배신당한 남자의 땅이 꺼질 듯한 한숨, 비통하기 짝이 없던 음성, 때론 제 심정을 갈가리 찢어놓던 사나이의 울먹임을 잊을 수 없습니다. 문제는 아내의 불륜으로 인해 제게 상담을 요청했던 남자가 그 한 남자만이 아니라는 사실입니다. 무분별하고 무절제하며 무책임한 성개방 풍조가 온 사회에 만연하면서, 신문 사회면을 장식하고 있는 가십(gossip) 기사를 일일이 열거할 것도 없이 오늘날 적지 않은 기혼여성들이 불륜의 늪에 빠져들고 있습니다.

한동안 이런 이야기가 회자된 적이 있습니다. 성인 남자와 여자가 식당에 갔을 경우 그 두 사람이 부부인지, 아니면 불륜의 관계인지를 간단하게 확인하는 방법이 있답니다. 두 사람이 각자 메뉴를 보고 각각 음식을 주문하면 부부요, 남자가 메뉴판을 들고 여자가 원하는 음식까지 대신 주문하면 불륜의 관계랍니다. 식사하는 동안 두 사람이 즐겁게 대화를 나누면 불륜의 관계요, 아무 말 없이 밥만 먹으면 부부랍니다. 식사가 끝난 뒤 여자가 식사비를 지불하면 부부지만, 남자가 돈을 내면 불륜의 관계랍니다. 식당을 나온 두 사람이 자동차를 타고 묵묵히 집으로 가면 부부요, 서로 깔깔거리며 드라이브를 즐기면 불륜의 관계랍니다. 누가 지어냈었는지는 모르지만 참으로 많은 것을 생각하게 하는 우스개입니다.

우리나라 부부만 이런 것은 아닌 모양입니다. 인도의 간디와 관련된 일화가 있습니다. 간디가 전 인도인에게 알려지기 전, 하루는 기차를 타고 여행을 하였습니다. 간디의 앞좌석에는 남자와 여자가 동석해 있었습니다. 그들은 마냥 즐거운 표정으로 쉬지 않고 대화를 이어나갔습니다. 이윽고 목적에 이른 간디가 기차에서 내리기 전 그들에게 물었습니다.

"두 분은 부부가 아니시지요?"

깜짝 놀란 그들은 어떻게 그 사실을 아는지 반문하였습니다. 이에 간디가 대답했습니다.

"대화를 나누는 두 분의 눈에 생기가 돕니다."

이것이 실화인지, 꾸며낸 우스개인지 저로서는 확인할 길이 없습니다. 그러나 실화가 아니라 우스개라 할지라도 이 이야기가 전하고자 하는 메시지의 무게가 가벼워지지는 않습니다.

세상의 우스개는 아무 의미 없이 생겨나지 않습니다. 어떤 우스개든 그 속엔 항상 진실이 담겨 있습니다. 모든 우스개는 이 세상의 한 단면, 그것도 이지러진 단면을 반영하고 있기 때문입니다.

그렇다면 식당을 찾은 남녀에 관한 한국의 우스개와, 인도 간디의 일화 속에 담겨진 진실은 무엇이겠습니까? 사람들은 결혼한 뒤 일정한 기간이 흐르고 나면, 자기 배우자를 외간 남자나 여자보다 못하게 여긴다는 것입니다.

상식적으로 생각하면 세월이 흐를수록 자신의 배우자를 더 깊이 사랑하는 것이 당연할 것 같습니다. 그러나 현실은 그렇지 않습니다. 다른 여자나 남자에겐 온갖 친절을 베풀고 그들과 대화하는 눈에는 마구 생기가 돌면서도, 막상 자신의 배우자는 아무렇게나 대하고 배우자를 보는 눈길은 천편일률적으로 무미건조하기만 한 것이 현실입니다.

"다시 태어나도 같은 사람과 결혼을?"

2005년 3월에 통계청이 발표한 '2004년 혼인 및 이혼 통계'에 따르면, 한 해 동안의 결혼은 31만 944건, 이혼은 13만 9,365건이었습니다. 작년 1년 동안에만 무려 14만 커플이 파경을 맞은 것입니다.

2005년 4월에는 LG카드에서 30-40대 부부를 대상으로 한 설문조사 결과를 발표하였습니다. "다시 태어나도 현재의 배우자와 결혼하겠느냐?"는 항목에 대해 남자의 65.2퍼센트가 "그렇다"고 응답했습니다. 나머지 34.8퍼센트는 다시 태어날 경우 현재의 아내와는 결혼하지 않겠다고 답한 것입니다. 이를테면 자신의 아내를 탐탁하게 여기지 않는 남자가 남자 세 명 중 한 명꼴인 셈입니다.

반면에 다시 태어날 경우 현재의 남편과 다시 결혼하겠다고 응답한 여자는 불과 33.3퍼센트에 지나지 않았습니다. 여자의 66.7퍼센트가 다시 태어날 경우 현재의 남편과 결혼하기를 거부한 것입니다. 여자 세 명 중 두 명이 자신의 남편을 사랑하지 못하는 가운데 살고 있는 셈입니다.

"이혼을 고려해 본 적이 있느냐?"는 질문에 대해서는 남자의 27.8퍼센트, 그리고 여자의 43.4퍼센트가 "고려해 보았다"고 응답했습니다. 남자는 3.5명 중 한 명, 그리고 여자는 두 명당 한 명꼴로 이혼을 고려했거나 현재 하고 있는 것이 우리의 현실입니다.

간과할 수 없는 사실은 다시 태어날 경우 현재의 배우자와는 결혼하지 않겠다는 여자가 남자의 두 배에 이르고, 이혼을 고려해 본 여자 역시 남자의 1.6배나 됩니다. 그렇다면 오늘날 상당수의 남자들은 자기 아내가 자신을 사랑하지 않는다는 사실을, 더욱이 자기 아내가 자신과의 이혼을 심각하게 고려하고 있다는 사실을 전혀 알지 못한 채 살고 있습니다. 이것이 남자의 감각이 무디기 때문인지 혹은 자기 아내에 대한 무지로 인함인지는 알 수 없으나, 여하튼 자신을 진심으로 사랑하지 않는 배우자 그리고 자신의 배우자를 사랑할 수 없는 사람들이 부부로 함께 살아간다는 것은 참으로 안타깝고도 불행한 일이 아닐 수 없습니다.

바로 이것이 싱가포르 행 비행기 안 신혼부부들 사이에 앉아 있던 제가 마음속의 우려를 떨쳐낼 수 없었던 까닭입니다. 그들은 비행기 속에서 모두 신혼여행의 단꿈에 젖어 있었습니다. 그러나 그들 중에 머지 않아 아내를 속이고 다른 여성과 애정행각을 벌이는 남자가 나오지 않는다는 보장이 없지 않습니까? 동창생과 여행 간다며 외간 남자와 불륜을 저지르는 여자가 없으리라고 단언할 수도 없지 않습니까?

그 정도까지는 가지 않는다 해도 대부분의 부부가 그렇듯이, 언젠가는 다른 사람과는 초롱초롱한 눈빛으로 대화를 나누면서도 자신의 배우자와는 아무 대화도 없이 묵묵히 밥만 먹는 삭막한 사이가 되지 않겠습니까? 이제 곧 그들 중에 상당수가 자신의 배우자를 탐탁지 않게 여기거나 심각하게 이혼을 고려하지 않겠습니까? 그 과정을 거치면서 서로 겪지 않을 수 없는 좌절감과 절망감, 그리고 배신감이 얼마나 크겠습니까? 그로 인한 괴롬과 고통의 중압감은 또 얼마나 무겁겠습니까? 비록 시행착오는 거듭할망정 후회 없는, 진정한 행복을 누리며 살아갈 부부는 그들 중에 과연 몇 쌍이나 되겠습니까?

이런 상념들로 인해, 신혼부부로 가득 찬 그 비행기 속에서 제 마음이 마냥 밝고 편할 수만은 없었던 것입니다.

결혼, 두 번째 출생

천주교 여형구 신부님은 남녀의 결혼을 두 번째 출생으로 비유하면서, 첫 번째 출생보다 두 번째 출생이 더 중요한 까닭을 세 가지로 들었습니다.

먼저 첫 번째 출생은 자신에게 선택권이 없지만 두 번째 출생은 자신의 선택사항이기 때문입니다.

이 세상에 태어나는 사람치고 자기 부모를 선택할 수 있는 사람은 아무도 없습니다. 그러나 요즈음과 같은 개명 천지에 타인의 강요에 의해 결혼하는 사람은 없습니다. 자신의 배우자를 스스로 선택하는 것이 결혼이라면 그 선택은 중요할 수밖에 없습니다. 둘째, 근래 인간의 수명으로 볼 때 첫 번째 출생의 기간보다 두 번째 출생의 기간이 월등하게 길기 때문입니다. 25세에서 30세 사이에 결혼할 경우, 결혼 이후에는 결혼 이전 기간의 거의 두 배 가까이 살수 있습니다. 마지막으로, 첫 번째 출생기간 동안에는 자신의 권리를 누리기만 하면 되지만, 두 번째 출생 이후에는 서로 상대에 대한 책임과 의무를 다하지 않으면 안 되기 때문입니다. 이런 관점에서 첫 번째 출생보다 두 번째 출생인 결혼이 훨씬 더 중요하다는 여형구 신부님의 주장은 백번 타당합니다. 잊지 말아야 할 사실은, 중요한 것은 중요하고 귀하게 다룰 때에만 계속 중요할 수 있다는 점입니다.

결혼을 중심으로 인간의 일생은 세 시기로 구분됩니다. 즉, 홀로 한 인생을 사는 시기, 둘이서 한 인생을 사는 시기, 그리고 홀로 두 인생을 사는 시기입니다. 홀로 한 인생을 사는 시기는 결혼 이전의 시기로, 이때는 자신을 위해 사는 기간입니다. 둘이서 한 인생을 사는 시기는 결혼 이후의 기간입니다. 앞서 〈시간은 공간이다〉에서 말씀드린 것처럼, 결혼이란 한 남자와 한 여자, 즉 두 이성이 부부가 되어 두 인생이 아닌 한 인생을 추구하는 것입니다. 마지막으로 홀로 두 인생을 사는 시기는, 배우자 중 한 명이 먼저 세상을 떠난 이후의 기간입니다. 사람들은 결혼을 흔히 두 사람이 부부로 함께 '살아가는' 것으로만 이해합니다. 그러나 결혼생활은 '죽음'까지도 포함하고 있습니다. 극히 이례적인 경우가 아니라면, 부부 중 한 사람이 먼저 이 세상을 떠나게 마련입니다. 그때 혼자 남은 사람이 먼저 떠나간 배우자의 몫까지 합쳐 홀로 두 인생을 사는 것이 인생입니다. 이런 의미에서도 결혼의 중요성은 참으로 지대합니다. 결혼 이전이 한 시기에 지나지 않는데 반해 결혼은 두 시기에 걸쳐 펼쳐질 뿐 아니라, 실은 그 이후까지 이어집니다.

특별한 경우를 제외하고는 모든 인간은 부모의 도움 속에서 태어납니다. 양육과 성장 역시 부모의 도움으로 이루어집니다. 그러나 이 세상을 떠날 때에는 배우자의 도움으로 세상을 하직하게 됩니다. 배우자를 먼저 보내고 홀로 남게 된 쪽은 자식의 도움 속에서 세상과 작별합니다. 그러나 배우자 없이 자식이 있을 리 만무하다면, 그 역시 배우자의 도움으로 세상을 하직하는 셈이 됩니다. 먼저 세상을 떠난 자의 삶은 홀로 남아 두 인생을 사는 배우자의 삶 속에 농축되고, 그마저 세상을 떠나면 그 삶은 자식의 삶 속에 계승됩니다. 남편도 아내도 세상을 떠나기는 매한가지지만, 그들의 뜻과 얼은 단절 없이 계속 이어지는 것입니다. 이 모든 것은 결혼만이 안겨 줄 수 있는 소중한 선물이 아닐 수 없습니다.

이것이 사실이라면 부부는 정말 서로 사랑해야 하지 않겠습니까? 신혼의 열정 속에서만 상대를 귀히 여길 것이 아니라, 시간이 흐를수록 서로간의 사랑이 더욱더 깊어져야 하지 않겠습니까? 둘이서 보석처럼 아름다운 한 인생을 가꾸다가 언젠가 세상에서 헤어질 때, 먼저 떠나가는 자나 떠나보내는 자나 일말의 후회도 없게끔 서로 아낌없이 사랑해야 하지 않겠습니까? 누가 될지는 모르지만 먼 훗날 혼자 남게 될 자가 기꺼이 홀로 두 인생을 살 수 있도록, 서로 상대를 자기 몸처럼 사랑해야 하지 않겠습니까? 자신들의 바른 얼과 뜻이 자식들에게 계승되고, 그 얼과 뜻의 토대 위에서 자식들의 삶이 바르게 구축될 수 있도록 자신들이 먼저 바르고도 참된 삶을 추구해야 하지 않겠습니까?

그런데도 왜 상당수의 부부가 서로에 대해 불만족스러워하고, 남자 세 명당 한 명 그리고 여자 한 사람 걸러 한 명이 이혼을 고려했거나 고려하고 있는 것입니까? 아름답고 행복해야 할 결혼생활이 이처럼 고통과 좌절의 진원지로 추락하고 있는 이유가 대체 무엇입니까?

천생배필 — '신이 내려 주신 짝'

하나님의 말씀인 성경은 인간의 결혼에 대해 다음과 같은 사실을 밝혀 주고 있습니다.

> 창조시로부터 저희를 남자와 여자로 만드셨으니 이러므로
> 사람이 그 부모를 떠나서 그 둘이 한 몸이 될지니라 이러한
> 즉 이제 둘이 아니요 한 몸이니 그러므로 하나님이 짝지어
> 주신 것을 사람이 나누지 못할지니라(마가복음 10장 6-9절)

성경은 결혼을 '남자와 여자 둘이 한 몸'을 이루는 것이요, 그것은 '하나님께서 짝지어 주신 것'임을 명쾌하게 정의해 주고 있습니다. 남자와 여자가 서로 사랑에 눈이 멀어 결혼할 수 있습니다. 냉철한 판단에 근거한 선택으로 결혼할 수도 있습니다. 부모나 주위 사람들의 권유를 좇아 결혼할 수도 있습니다. 중요한 것은, 어떤 동기로 결혼했든 자신의 배우자가 하나님께서 짝지어 주신 천생배필임을 깨닫는 것입니다. 그때에만 자기 배우자를, 배우자의 현 상태와 조건에 상관없이 절대적으로 신뢰하고 존중하며 사랑할 수

있습니다. 하나님께서 짝지어 주신 천생배필보다 더 나은 배필이 있을 수 있다는 생각 자체가 부질없는 망상임을 알기 때문입니다.

1899년 중국에서 태어난 오경웅 박사는 임어당 박사와 더불어 근대 중국의 석학으로 불립니다. 중국과 미국 그리고 프랑스에서 법철학을 전공한 그는 중화민국 헌법 기초와 UN헌장 구성에 참여한 세계적 법철학자인 동시에 뛰어난 문필가였습니다. 그 정도의 지적 수준을 갖춘 사람이라면 그의 아내 역시 지성인이었음에 틀림없을 것처럼 여겨집니다. 그러나 놀랍게도 그의 아내는 낫 놓고 기역자도 모르는 일자무식꾼이었습니다.

당시 중국은, 물론 그때는 우리나라도 그랬습니다만, 자식의 의사와는 상관없이 부모가 자식의 배우자를 일방적으로 선택하고 결정하던 시절이었습니다. 오경웅 박사의 아버지는, 며느리 감으로는 배운 여자보다 못 배운 여자가 더 낫다는 고루한 생각으로 뛰어난 지적 능력을 지닌 아들을 위해 의식적으로 일자무식꾼 며느리를 택하였습니다. 최고의 석학으로 남의 추앙을 받는 사람이 일평생 글도 깨우치지 못한 아내와 살아야 한다면 답답한 일이 얼마나 많았겠으며, 짜증스런 일은 또 얼마나 잦았겠습니까?

그러나 오경웅 박사는 평생토록 그 무식한 아내를 진정으로 사랑하고 존중하면서, 둘이서 행복한 한 인생을 꾸렸습니다. 크리스천이었던 그는 자신의 아내가 천생배필임을 굳게 믿었던 것입니다. 비록 자신의 뜻과는 무관하게 아버지에 의해 일방적으로 이루어진 결혼이었지만, 그는 하나님께서 자기 아버지를 통해 자신과 아내를 짝지어 주셨음을 의심치 않았습니다. 하나님께서 짝지어 주신 천생배필보다 더 좋은 배필이 있을 것이란 생각을 한 번도 해 본 적이 없었습니다. 그에게 아내는 다른 여자와 비교대상인 상대적인 존재가 아니라, 이 세상에서 오직 자신만을 위해 창조된 절대적 존재임을 감사함으로 받아들였습니다. 이것이 오경웅 박사가 글을 깨우치지 못한 아내와 평생 행복한 삶을 누릴 수 있었던 비결이었습니다. 만약 그가 자신의 아내를 하나님께서 짝지어 주신 천생배필로 받아들이지 않았더라면, 자신의 수준에 턱없이 못 미치는 아내와 이내 파경을 맞았거나, 아니면 일평생 둘이서 두 인생을 사느라 서로 고달프기 짝이 없었을 것입니다.

제가 잘 아는 부부가 있습니다. 결혼한 지 20여 년이 되는 그 부부는 요즈음 말로 소위 코드가 맞지 않는 부부입니다. 남편과 아내의 성격, 취미, 가치관, 사고방식, 생활습관 등 어느 것 하나 일치되는 부분이 없습니다. 그로 인해 두 사람 사이에는 차마 말 못할 어려움과 갈등이 많았습니다. 그렇지만 그들은 현재 남부럽지 않은 행복한 가정을 꾸려 가고 있습니다. 얼마 전 그 부인을 만났을 때입니다. 자신의 결혼생활과 관련하여 이야기하던 중 제게 이런 말을 했습니다.

"적지 않은 주부들이 다시 태어날 경우 현재의 남편과는 절대로 결혼하지 않겠다고 합니다. 아시다시피 우리 부부는 삶의 전반에 걸쳐 일치되는 부분이 거의 없습니다. 그로 인해 참 많이도 가슴앓이를 했고, 물론 지금도 하고 있습니다. 그러나 저는 다시 태어나도 지금의 남편과 또다시 결혼할 것입니다."

금실 좋은 부부가 이런 말을 했다면 이상할 것이 없습니다. 그러나 그녀는 남편으로 인해 많은 어려움을 겪었음에도 그렇게 말했습니다. 그녀는 그 이유를 세 가지로 밝혔습니다.

"첫째, 다시 태어나 다른 남자와 결혼한다고 해도 그 남자가 지금의 남편보다 나을 것이란 보장이 없기 때문입니다. 제가 남편에 대해 못마땅하게 생각하는 점들이 많긴 하지만 남편에겐 장점도 무척 많습니다. 남편과는 성격이 판이한 저로 인해 남편도 무척 힘들고 속이 상하는 일들이 많았을 것입니다. 그런데도 남편은 무던히도 잘 참아 주었습니다. 또 결혼 이후 지금까지 남편은 매사에 변함없이 성실했습니다. 다시 태어나 지금의 남편보다 못한 남자와 일평생 살아간다는 것은 생각만 해도 끔찍해집니다.

두 번째는 사랑하는 제 아이들 때문입니다. 저는 제 남편과의 사이에서 태어난 두 아이를 정말 사랑합니다. 그 아이들과 바꿀 수 있는 것이라고는 이 세상에 아무것도 없습니다. 만약 제가 다시 태어나 다른 남자와 결혼한다면 그것은 지금의 두 아이를 포기하는 것을 의미합니다. 그것은 저로서는 절대로 받아들일 수 없는 일입니다. 만약 다시 태어난다면, 지금의 두 아이를 만나기 위해서라도 현재의 남편을 포기할 수는 없습니다.

마지막 이유는, 현재의 경제적 수준에 만족하며 살고 있기 때문입니다. 저희 부부에게 큰 재산은 없습니다. 그러나 부부가 함께 직장생활을 하면서 아이들과 더불어 사는 데 경제적으로 궁핍함을 느끼지는 않았습니다. 생각할수록 감사한 일입니다. 사람들은 다시 결혼하면 경제적 여건이 월등하게 나아지리란 환상을 갖고 있는 것 같습니다. 그러나 그 반대의 경우도 얼마든지 있지 않겠습니까? 만약 다시 태어난다면 지금의 경제적 수준 정도라도 감사하며 누릴 수 있도록 현재의 성실한 남편을 기꺼이 다시 선택하겠습니다."

정말 지혜롭고 사려 깊은 여인입니다. 그 부인은 자신과 코드가 맞지 않는 남편으로 인해 비록 갈등을 겪을망정, 그 남편을 기본적으로 존중하며 사랑하고 있습니다. 남편과의 사이에서 태어난 자녀들과 더불어 행복을 스스로 창조해 가고 있습니다. 비록 부자는 아닐지라도 남편과 함께 일군 현재의 경제적 상황을 감사하고 또 만족하며 살고 있습니다. 한마디로 그 부인은 다시 태어나도 현재의 남편보다 더 나은 배필을 만날 수 있으리라고는 상상도, 기대도 않음은 물론이요, 아예 꿈도 꾸지 않고 있습니다. 이것이 그녀에게 가능한 것은, 크리스천인 그녀 역시 현재의 남편을 하나님께서 자신을 위해 짝지어 주신 천생배필임을 굳게 믿기 때문입니다. 만약 그녀가 이 사실을 믿지 못했던들 그녀는 이미 오래 전에 남편과 남남이 되었을 것입니다. 다행히 파국만은 면했다 해도 지금쯤 그녀

131

는 남편과 한 지붕 아래에서 무의미한 삶을 반복하면서, 다시 태어 날 경우 현재의 남편과는 절대로 결혼하지 않으리라 이를 악물며 굳게굳게 다짐하고 있을 것입니다.

행복한 결혼의 비결

자신의 배우자가 하나님께서 짝지어 주신 천생배필임을 믿는 것 은 이처럼 중요합니다. 이 사실을 믿는 자는 천지를 창조하신 하나 님께서 자신을 위해 짝지어 주신 절대적 존재인 자기 배우자와 어 떻게 조화를 이루며 행복을 창조해 갈 것이냐에 몰두하지, 자신의 배우자를 타인과 비교하면서 상대적 존재로 비하하는 어리석음을 범하지 않습니다.

더 중요한 것은 자신의 배우자를 하나님께서 짝지어 주신 천생 배필로 믿는 자는, 그 사실을 믿기 이전에 먼저 하나님을 믿는 자 라는 것입니다. 자기 배우자를 천생배필(天生配匹)이라 부른다고 해 서 모두 하나님을 믿는 것은 아닙니다. 하나님을 믿지 않는 사람도 천생배필이란 말을 사용하긴 하지만, 자신의 배우자가 정말 하늘 이 주신, 그 누구와도 대체할 수 없는 절대적 존재임을 믿어서 그 렇게 말하는 것은 아닙니다. 하나님을 믿지 않는 자에게 천생배필 이란 듣기 좋으라고 하는 덕담 수준의 수식어에 지나지 않습니다.

그러나 하나님을 믿는 자는 하나님께서 우주만물과 자신을 창조하셨음을 믿는 까닭에 자기 배우자 역시 하나님께서 자신을 위해 짝지어 주신 절대적 천생배필임을 진정으로 믿게 됩니다. 그래서 천생배필인 자기 배우자와 함께 자신들을 창조하시고 짝지어 주신 하나님의 법칙을 따라, 모든 난관과 장애를 극복하며 둘이 한 몸을 이루는 아름다운 한 인생을 추구하게 됩니다.

모든 인간관계가 다 그렇지만 특히 부부관계를 위한 하나님의 법칙은, 서로 자신을 부인(否認)하는 것입니다. 한마디로 서로 죽는 것입니다. 남자와 여자가 결혼하여 둘이서 한 인생을 살기 위해서는, 각각 자기 인생을 좇던 두 사람이 서로 죽지 않으면 안 됩니다. 결혼한 뒤에도 자기 편한대로 살던 총각 처녀 시절의 심성을, 그리고 자기중심의 사고방식과 이기심을 고수하려 할 경우 두 사람은 한 지붕 아래에서 두 인생을 살 수밖에 없고, 부부생활에서 그보다 더 큰 고통은 없습니다. 앞서 말씀드린 오경웅 박사가 일자무식꾼인 아내와, 그리고 한 주부가 자신과 전혀 코드가 맞지 않는 남편과 행복한 가정을 일굴 수 있었던 것은 그들에게 먼저 자기부인(自己否認)이 선행되었기 때문임은 두말할 나위가 없습니다.

부부 일심동체가 된다는 것은 오랫동안 그릇 이해되어 온 것처럼 여자가 남자의 종속물이 된다거나, 혹은 심성이 약한 쪽이 강한 쪽으로 흡수되고 동화되는 것을 의미하지 않습니다. 하나님께서 '둘이 한 몸'을 이루라 하심은 서로 자기부인을 통해 상대를 온전히 수용함으로써, 어느 한쪽에도 치우치지 않는 새로운 존재로 재창조되라는 말씀입니다.

이는 마치 물감의 배합과 같습니다. 같은 양의 파랑물감과 노랑물감을 한데 섞습니다. 파랑물감이 자기 색깔이 더 짙고 강하다고 해서 노랑물감을 자기 색으로 흡수해 버리지 않습니다. 노랑물감이 더 밝고 화려하다고 파랑물감을 거부하지도 않습니다. 두 물감은 서로 자기를 부인, 상대를 온전히 받아들입니다. 그 결과 파랑색과 노랑색은, 파랑색도 노랑색도 아닌 전혀 새로운 초록색으로 나타나게 됩니다.

이처럼 결혼 역시 남자와 여자가 서로 자신을 부인할 때, 두 사람은 전혀 새로운 존재로 승화될 뿐 아니라 그들 앞에는 상상치도 못했던 아름다운 한 인생의 신세계가 펼쳐집니다. 이것이 결혼의 신비요, 하나님께서 인간에게 주신 가장 큰 선물이 결혼인 까닭이 여기에 있습니다. 따라서 결혼의 중요성은 결혼식 당일의 예식장이나 예복의 화려함 혹은 하객의 수에 있는 것이 아니라, 결혼식을 마친 이후 서로 상대를 위한 자기부인의 삶에 있습니다.

개조 아닌 존중이 해답

서로 자신을 부인한다는 것, 자신이 죽어야 한다는 것을 거창하게 생각하지 마십시오. 결혼은 선택으로부터 시작됩니다. 많은 가능성 가운데 한 남자 혹은 한 여자를 자신의 배우자로 선택하는 것이 결혼입니다. 선택이란 버림의 결과입니다. 한 명을 선택한다는 것은 나머지 모든 가능성을 미련 없이 포기하는 것입니다. 그것이 가능할 수 있음은, 자신이 선택한 한 명이 포기한 모든 가능성보다 낫다는 절대적인 믿음 때문입니다. 자기부인이란 그 믿음을 끝까지 지키는 것입니다. 그 믿음을 뒤흔들려는 자기 내부 혹은 외부로부터의 모든 그릇된 생각이나 유혹을 칼로 무 자르듯 잘라 내어 버리는 것이 자기부인입니다.

사랑은 상대의 인격과 성격을 존중하는 것입니다. 영어는 인격과 성격을 모두 'character' 혹은 'personality'로 표현, 두 단어 사이에 차이가 없습니다. 그러나 우리말 인격과 성격은 분명히 그 의미를 달리하고 있습니다. '인격'(人格)이란 문자 그대로 '인간의 격', 다시 말해 '사람다움'으로 남자나 여자 모두에게 해당합니다. 바른 양심을 지니고 선을 베풀며 주어진 책임과 의무를 다하는 사람다운 사람이 되어야 한다는 데엔 여자와 남자의 구별이 있을 수 없습니다.

그러나 '성격'(性格)이란 '성(性)의 격'을 일컫는 말로, 남자와 여자는 본래 성의 격이 동일하지 않습니다. 남성과 여성으로 구별되는 것입니다. 따라서 성격은 인격과는 달리 여성의 격과 남성의 격을 반드시 구분하여 생각해야 합니다. 남편이 아내를 사랑하는 것

135

은 아내의 성의 격을 존중하는 것이요, 아내 역시 남편의 성의 격을 존중하는 것이 남편을 사랑하는 것입니다. 이것이 구체적으로 무엇을 의미하는지는 다음 장에서 상세히 살펴보겠습니다.

단지 이 시간 마음속에 새겨야 할 것은, 어떤 경우에도 상대의 인격과 성격을 자기 마음대로 개조하려 해서는 안 된다는 사실입니다. 자기 마음에 들지 않는다고 해서 상대의 인격과 성격을 개조하려 하면 할수록, 상대의 인격과 성격은 자기방어 본능에 의해 더욱 굳어져 두 사람의 사이는 점점 멀어질 뿐입니다. 자기 몸으로 낳은 자식의 인격과 성격도 개조할 수 없다면, 남의 자식인 배우자의 인격과 성격을 고치겠다는 것은 아예 생각지도 말아야 합니다. 이처럼 상대의 인격과 성격은 개조의 대상이 아니라 존중의 대상임을 깨달아, 상대의 인격과 성격을 자기 멋대로 뜯어고치고픈 자기 이기심을 과감히 버리는 것이 자기부인이요, 사랑입니다. 그때 상대의 인격과 성격은 자신의 인격 그리고 성격과 융합되면서 두 사람은 전혀 새로운 차원의 한 몸을 이루게 됩니다.

그래서 하나님을 믿는 것이 중요합니다. 하나님을 믿는 자만이 자신의 배우자를 하나님께서 짝지어 주신 절대적인 천생배필로 끝까지 믿기에 그 믿음을 흔들려는 모든 유혹을 부인할 수 있고, 또 하나님께서 주신 배우자의 인격과 성격을 상대화하여 개조하려는 욕구를 부단히 부인할 수 있습니다. 그 결과 두 사람은 그들이 믿는 하나님에 의해 새로운 존재로 재창조됩니다. 하나님을 믿는 부부가 서로를 하나님께서 짝지어 주신 배필로 받아들이기 위해 하나님의 법칙을 좇아 서로 자신을 부인한다는 것은, 자신들의 삶 속에 하나님께서 역사하실 공간을 하나님께 내어드리는 것을 의미합니다. 모든 부부는 오직 그들을 창조하시고 부부로 짝지어 주신 하나님에 의해서만 서로 융합, 둘이서 한 인생의 신세계를 창조해 갈 수 있습니다.

앞서 살펴본 것처럼(〈"그 사람을 가졌는가"〉 참조) 하나님을 믿는 것은 하나님 아버지께서 이 땅에 구원자로 보내 주신 성자 하나님, 예수 그리스도를 믿는 것입니다. 구원자이신 예수 그리스도를 믿을 때, 우리를 살리시기 위하여 십자가 위에서 당신 자신을 온전히 부인하셨던 주님께서 우리 각자가 배우자를 위해 우리 자신을 부인할 수 있도록 우리를 도우십니다. 예수 그리스도를 믿을 때, 죽음을 깨트리고 부활하신 주님께서 각각 다른 인생을 추구하던 남자와 여자는 죽고 그 둘이 한 몸을 이루는 부부로 거듭날 수 있도록 도우십니다. 예수 그리스도 안에서는 모든 부부관계가 치유되고, 회복되고, 새로워지며, 재창조됩니다.

결혼은 결코 피해야 할 멍에이거나 부담이 아닙니다. 예수 그리스도 안에서 결혼은 생명과 생명이 한 몸으로 결합하는 신비스런 연합이요, 생명이 생명을 낳고 생명으로 이어지는 생명의 기적입니다. 예수 그리스도 안에서 나의 배우자는 하나님께서 짝지어 주신 천생배필이기 때문입니다. 천지를 창조하신 하나님께서 나를 위해 특별히 짝지어 주신 천생배필과 예수 그리스도 안에서 일평생 둘이서 한 몸을 이루는 기쁨을 누리고, 누군가가 먼저 떠난 뒤엔 남은 자가 홀로 두 인생을 깔끔하게 매듭짓고, 그마저 세상을 떠난 뒤엔 두 사람의 얼과 뜻이 그들 사이에서 태어난 자녀들의 삶 속에서 보석처럼 계속 빛나리라는 것은 생각하는 것만으로도 가슴이 벅차오릅니다.

❖

주님! 오늘도 많은 젊은이들이 결혼을 통해 부부가 되었을 것입니다. 또 많은 젊은이들이 결혼을 준비하고 있습니다. 그들을 포함하여 이 땅의 모든 부부가, 자신의 배우자가 하나님께서 짝지어 주신 천생배필임을 깨닫게 해 주십시오. 천지를 창조하신 하나님께서 짝지어 주신 천생배필을 대체할 수 있는 다른 배우자가 있을 수 없음을 알게 해 주십시오. 그 믿음을 뒤흔들려는 모든 유혹을, 그리고 하나님께서 주신 상대의 인격과 성격을 자기 마음대로 개조하려는 이기심을 단호히 부인하는 믿음과 힘을 주십시오. 예수 그리스도의 도우심 속에서 두 사람이 일평생 한 몸으로 결합하는 신비스런 연합을, 생명이 생명을 낳고 생명으로 이어지는 생명의 기적을 날마다 누리게 해 주십시오. 아멘.

06

성性의 격格

하나님이 사람을 창조하실 때에 하나님의
형상대로 지으시되 남자와 여자를 창조하셨고
그들이 창조되던 날에 하나님이 그들에게
복을 주시고 그들의 이름을 사람이라 일컬으셨더라
● 창세기 5장 1−2절

원숭이 엉덩이는 삼천리 금수강산?

오래 전부터 요즈음에 이르기까지 아이들이 즐겨 부르는 노래 중에 이런 노래가 있습니다.

원숭이 엉덩이는 빨개, 빨가면 사과
사과는 맛있어, 맛있으면 바나나
바나나는 길어, 길으면 기차
기차는 빨라, 빠르면 비행기
비행기는 높아, 높으면 백두산
백두산 뻗어 내려 반도 삼천리
무궁화 이 강산에 역사 반만년
대대로 이어 사는 우리 삼천만
복 되도다 그 이름 대한이로세

원숭이 엉덩이가 사과, 바나나, 기차, 비행기 그리고 백두산을 거쳐 무궁화 삼천리 대한민국으로 이어지기까지 노랫말이 풍부한 상상력 속에서 빠르고도 재미있게 전개되고 있습니다. 소위 '꼬리 따기 노래'인 이 노랫말의 각 구절구절은 구구절절이 옳습니다. 원숭이 엉덩이는 정말 빨갛고, 사과는 맛있으며, 바나나는 길고, 기차는 빠르며, 비행기는 높고, 백두산은 삼천리 금수강산의 최정점인 동시에 시발점입니다. 이처럼 각 구절의 내용은 전혀 흠이 없지만, 그렇다고 그 구절들이 한데 묶여 한 문장을 구성할 논리적 타당성을 지닌 것은 전혀 아닙니다.

원숭이 엉덩이가 빨간 것은 틀림없는 사실입니다. 그러나 왜 '빨가면 사과'가 되어야 합니까? 세상에 빨간 것은 수도 없이 많고, 사과 중에는 본래 노란색이나 푸른 색도 있습니다. 그런데도 마치 사과가 빨간 색의 유일한 상징처럼 '빨가면 사과'라는 것은 억지 논리가 아닐 수 없습니다. 사과는 맛있지만 왜 맛있는 것이 유독 바나나여야 합니까? 세상에는 바나나를 맛있게 여기지 않는 사람도 얼마든지 있습니다. 그뿐 아니라 바나나가 기차를 거쳐 비행기로, 비행기가 다시 백두산에서 무궁화 금수강산으로 이어져야 할 논리적 당위성도 없습니다. 그래서 이 노래는 대표적인 언어유희, 바꾸어 말해 전형적인 말장난의 노래로 분류되고 있습니다.

결국 우리가 어릴 적 무심코 부르던 이 꼬리 따기 노래의 가사는 우리에게 중요한 교훈을 던져 주고 있습니다. 논리의 비약 속에서는 원숭이 엉덩이가 백두산으로 둔갑될 수도 있고, 삼천리 금수강산으로 결론 내려질 수도 있다는 것입니다. 매사에 논리의 비약을 경계하지 않으면 안 될 까닭이 여기에 있습니다. 논리의 비약은 언제나 진실을 왜곡하고 호도합니다. 그런데도 실제 우리의 인식 속에는 여러 면에 걸쳐 논리의 비약이 뿌리 내리고 있고, 그 두드러진 예 중의 하나가 남자와 여자가 동일하다는 논리의 비약입니다.

인간을 창조하신 하나님 앞에서 남자든 여자든 생명의 무게와 가치가 평등함은 두말할 나위도 없습니다. 생명의 절대성에 관한 한, 남자와 여자 사이에는 그 어떤 차이나 구분도 있을 수 없습니다. 그러나 생명 그 자체의 평등이 남녀 간에 본질적인 차이가 전혀 없다거나, 남녀 역할에 아무 구분도 없음을 뜻하는 것은 아닙니다.

이것은 부모 자식 간의 관계와 똑같습니다. 부모든 자식이든 생명의 가치는 100퍼센트 동등합니다. 부모의 생명이 더 귀하거나 자식의 생명이 더 경한 것은 아니며, 반대의 경우도 있을 수 없습니다. 하나님 앞에서 부모의 생명과 자식의 생명은, 양쪽 모두 천하를 주고도 바꿀 수 없을 만큼 똑같이 존귀합니다. 그럼에도 불구하고 부모와 자식간에는 엄연한 존재적 차이가 있습니다. 의무와 책임 면에서, 권리 면에서, 역할 면에서, 그리고 사물을 인식하고 일을 처리하는 방법 면에서 뚜렷한 차이를 지니고 있습니다.

이 차이를 도외시한 채 부모와 자식의 생명의 무게와 가치가 같다고 해서 부모와 자식은 본질적으로 동일하다고 주장한다면, 그

것은 원숭이 엉덩이가 백두산을 거쳐 삼천리 금수강산으로 둔갑하는 것과 같은 그릇된 논리의 비약이 아닐 수 없습니다. 따라서 하나님께서 본질적으로 다르게 창조하신 남자와 여자가 동일하다는 주장 역시, 단지 색깔이 빨갛다는 이유만으로 원숭이 엉덩이와 사과를 동일시하는 식의 논리적 비약에 지나지 않습니다.

"남자와 여자를 창조하셨고……"

창세기 5장 1-2절은 하나님의 인간 창조와 관련하여 다음과 같은 사실을 밝혀 주고 있습니다.

> 하나님이 사람을 창조하실 때에 하나님의 형상대로 지으시되 남자와 여자를 창조하셨고 그들이 창조되던 날에 하나님이 그들에게 복을 주시고 그들의 이름을 사람이라 일컬으셨더라

하나님께서 사람을 창조하시되 당신의 형상을 따라 남자와 여자를 창조하셨다는 위 구절은 우리로 하여금 중요한 두 가지 메시지를 깨닫게 해 줍니다.

첫째, 사람은 남자와 여자의 결합, 즉 결혼을 통해 하나님의 형

상을 얻을 수 있다는 것입니다. 하나님께서는 당신의 형상, 이를테면 당신의 속성을 좇아 사람을 창조하시면서 남자와 여자 중 어느 한쪽만 창조하신 것이 아닙니다. 오랫동안 사람들이 오해해 온 것처럼 만약 하나님께서 남자의 속성만 지닌 분이셨다면 하나님께서는 당신의 속성을 따라 남자만 창조하셨을 것이요, 반대로 여자의 형상만 지니셨다면 여자인 당신의 형상을 좇아 여자만 창조하셨을 것입니다. 그러나 하나님께서는 당신의 형상을 따라 남자와 여자를 창조하셨습니다. 이것은 하나님께서 남자와 여자 중 어느 한쪽의 속성만을 지니신 분이 아님을 의미합니다.

하나님께서는 남성성과 여성성을 함께 지닌 분이십니다. 그래서 당신의 남성성과 여성성을 좇아 사람을 창조하시되 남자와 여자를 함께 창조하신 것입니다. 바로 여기에 결혼의 동기와 절대적 의미, 그리고 신비로움이 있습니다.

한 남자와 한 여자가 결혼하여 둘이서 한 인생을 추구한다는 것은 그들의 삶 속에 하나님의 형상을 회복하는 하나님의 은총입니다. 남자 홀로 하나님의 형상을 회복할 수는 없습니다. 여자 홀로 하나님의 형상을 누릴 수도 없습니다. 오직 남자와 여자의 결합을 통해서만 남성성과 여성성을 동시에 지니신 하나님의 형상을 회복할 수 있습니다. 그렇다고 아무 여자나 남자라도 무방한 것은 아닙니다. 하나님께서 짝지어 주신 천생배필을 통해서만 가능합니다. 천생배필인 아내를, 남편을, 서로 수용하고 사랑하는 가운데 그들

145

의 존재는 하나님의 형상을 지닌 존재로 더불어 승화됩니다. 남편과 아내의 사랑과 결합을 통해 새로운 생명이 창조된다는 사실 자체가 결혼을 통해 남자와 여자가 창조주의 형상으로 승화되는 좋은 증거입니다.

더욱이 하나님께서는 당신의 형상을 따라 남자와 여자를 창조하신 뒤 그들을 합쳐서 사람이라 부르셨습니다. 남자 혼자, 혹은 여자 혼자 온전한 사람이 될 수는 없습니다. 여자나 남자 한쪽만으로는 반쪽짜리 인간이기 쉽습니다. 하나님께서는 남자와 여자를 한데 묶어 사람이라 부르셨기 때문입니다. 결혼을 통해 남자의 반쪽을 여자가 채우고, 여자의 빈자리를 남자가 메우므로 남자와 여자는 함께 사람다운 사람이 될 수 있습니다. 물론 다 그런 것은 아닙니다만, 독신자 중에 사회적으로 훌륭한 업적은 남기면서도 인격적으로 성숙하지 못한 경우를 흔히 접하게 되는 것은 바로 이런 연유입니다. 이처럼 인간이 하나님의 형상을 회복하는 것도, 사람다운 사람으로 살아가는 것도 모두 결혼을 통해 자신의 천생배필과 둘이서 한 인생을 추구하는 것으로부터 시작됩니다.

창세기 5장 1-2절이 깨닫게 해 주는 두 번째 메시지는, 부부가 서로 사랑한다는 것은 서로의 본질적인 차이점과 상이성을 수용하고 존중함을 의미한다는 것입니다. 결혼을 통해 남편과 아내가 서로 사랑함으로써 그들은 하나님의 형상을 회복할 수 있고, 사람다운 사람으로 성숙해질 수 있다고 했습니다. 그러나 남편과 아내가 서로 사랑해야 할 자신의 배우자는 자신과는 본질적으로 다른 존재입니다. 따라서 자신과의 동질성이 아니라, 자신과는 근본적으로 다른 이질성을 인정하고 그것의 소중함을 지켜 주는 것이 배우자에 대한 사랑입니다.

하나님께서 남자와 여자를 한날한시에 창조하신 것이 아닙니다. 남자를 먼저 창조하신 뒤 일정한 기간이 지난 다음에야 여자를 창조하셨습니다. 남자와 여자 사이에는 지울 수 없는 시간적인 거리와 차이가 있는 것입니다. 남자는 진흙을 빚어 만드셨지만 여자는 남자의 갈빗대로 만드셨기에 창조의 방법도 분명히 다릅니다. 더욱이 남자와 여자 사이에는 근본적으로 구조적인 차이, 즉 성(性)의 차이가 있습니다. 남자는 남자의 성(性) 다시 말해 남성(男性)으로, 여자는 여자의 성(性) 곧 여성(女性)으로 창조된 것입니다. 이 두 성(性)의 격(格)은 결코 동일하지 않고, 또 동일할 수도 없습니다.

유니섹스와 성의 격

언제부턴가 유니섹스(unisex)란 말이 전 세계인의 의식 속에 똬리를 틀고 있습니다. 유니섹스를 우리말로 옮기면 '단성'(單性), 다시 말해 '하나의 성'이 됩니다. 남자의 성과 여자의 성의 경계가 무너지면서 남자나 여자나 동일한 하나의 성이란 의미입니다. 의

상이나 헤어스타일 그리고 사고방식 등에서 유니섹스가 보편화된 것은 이미 오래 전의 일이고, 소위 꽃미남이라 하여 여자 같은 남자가 각광을 받고 남자 같은 언행의 여자가 두각을 나타내는 것은 세계적인 추세입니다.

그러나 아무리 유니섹스 풍조가 온 세상을 풍미한다 해도, 남자의 성과 여자의 성이 유니섹스가 될 수 있다는 것은 원숭이 엉덩이가 삼천리 금수강산으로 둔갑하는 것과 같은 논리의 비약이요, 억지논리일 뿐입니다. 하나님께서 근본적으로 다르게 창조하신 남자의 성과 여자의 성은 어떤 경우에도 유니섹스로 둔갑할 수 없습니다. 남자의 성과 여자의 성은 언제나 조화와 균형의 대상이지, 자기 성의 소멸을 전제로 한 흡수 혹은 동화의 관계에 있지 않습니다.

한 인간이 인간답게 살아가기 위해서는 지켜야 할 것이 많습니다. 법을 지켜야 하고 예의와 도리를 지켜야 하고 몸과 마음을 지켜야 합니다. 그리고 무엇보다도 자기 성의 격을 지키지 않으면 안 됩니다. 그것을 지키지 못하는 것은, 그 성을 자신에게 부여하신 창조주 앞에서 자신의 정체성을 스스로 상실하고 포기하는 것을 의미합니다.

앞서 〈천생배필〉에서 말씀드린 것처럼, 배우자를 사랑한다는 것 역시 상대의 성의 격을 지켜 주는 것입니다. 남편이 아내의 성의 격 다시 말해 아내의 여성성을 지켜 주는 것이 아내를 사랑하는 것이요, 남편의 남성성을 존중해 주는 것이 곧 남편에 대한 아내의 사랑입니다.

남편과 아내가 둘이서 한 인생을 산다는 것은 함께 유니섹스가 된다는 말이 아닙니다. 서로 자신과 상대의 성의 격을 존중하고 지켜 주면서 조화를 이루어가는 가운데 그들을 부부 되게 하신 하나님, 곧 여성성과 남성성을 동시에 지닌 하나님의 속성을 회복하는 전혀 새로운 존재, 하나님 앞에서 진정 사람다운 사람으로 더불어 승화되는 것을 뜻합니다. 따라서 자신과 배우자의 성의 격을 서로 지키고 보호해 주려 하지 않을 경우, 결혼생활은 둘이서 두 인생을 살거나 한쪽이 다른 쪽에 종속당하는 파행과 불행을 거듭하게 됩니다. 그런 결합 속에 하나님의 형상이 회복될 수 없음은 말할 것도 없고, 둘이서 한 지붕 아래에 살아간다는 것 자체가 엄청난 고통이 됩니다.

가슴 아픈 사실은 많은 부부가 이 파행과 고통의 굴레에서 벗어나지 못하고 있다는 현실인데, 그것은 전적으로 남자와 여자의 성의 격이 전혀 다르다는 것을 인식지 못하는 데 기인하고 있습니다. 실제로 많은 남자들이 자신의 아내가 자신과는 본질적으로 다른 성의 격을 지녔음을 잊고 살아갑니다. 많은 여자들이 자신의 남편이 자신과 근본적으로 다른 남자의 성을 지녔음을 인식하지 못하고 있습니다. 그래서 둘이 조화를 이루기보다는 그로 인한 극심한 갈등과 마찰을 빚고 있습니다. 중요한 사실은 자신과 배우자 간의 근본적인 차이를 자신이 인식하지 못하거나 인정하지 않는다고 해서 배우자의 성의 격이 자신과 동일해지는 것은 아니라는 점입니다.

23년에 걸친 제 아내와의 결혼생활에 비추어 보건대 아내와 저는 정말 다릅니다. 살아갈수록 그 사실을 서로 절감하고 있습니다. 사고방식, 느낌의 폭과 깊이, 사물에 대한 판단과 그에 따른 행동양식, 감정의 표현방법 등 어느 것 하나 다르지 않은 것이 없습니다. 그럴 수밖에 없는 것이 저는 남자의 성을 지닌 남성이요, 아내는 여자의 성을 지닌 여성이기 때문입니다. 한마디로 아내와 저는 본질적으로 다르게 창조된 존재입니다.

그러나 아내와 저의 본질적 다름이 우리 삶의 불행이나 퇴보, 혹은 갈등을 초래하는 것은 아닙니다. 오히려 정반대입니다. 저와는 근본적으로 다른 아내로 인해 저 자신의 부족했던 부분이 비로소 보완되고, 아내의 반쪽은 아내와는 전혀 다른 저로 인해 채워지고 있습니다. 아내와 저의 본질적 다름이 부딪치지 않고 조화를 이루며 상호 보완되는 가운데, 서로 상대의 삶 속에 하나님의 형상을 회복시켜 주는 동력으로 작용하는 것입니다. 만약 아내와 제가 모든 면에 걸쳐 똑같기만 했다면, 우리는 이십수 년을 함께 살고서도 여전히 자신의 반쪽만을 전체인 양 착각하며 둘이서 피곤한 두 인생을 살고 있을 것입니다. 그래서 부부가 서로 본질적으로 다른 상대의 성의 격, 다시 말해 남편의 남성성과 아내의 여성성을 지켜 주는 것이 중요합니다. 그것은 자신의 삶을 완성하는 길인 동시에, 배우자와 더불어 하나님의 형상으로 승화되는 신비스런 은총의 길 입니다.

부드러움의 승리

여성성의 특징은 한마디로 부드러움입니다. 부드러움을 상실한 여성은 더 이상 참된 의미의 여성일 수 없습니다. 부드러움은 섬세합니다. 그래서 부드러움의 여성은 작은 일에도 감탄하고, 지는 해에도 눈물을 짓습니다. 부드러움은 자상합니다. 그래서 여성의 부드러움은 남자의 눈길이 미치지 못하는 곳까지 닿습니다. 부드러움의 깊이는 한이 없습니다. 그래서 여성의 부드러움은 인간에 대한 깊은 사랑으로 배어납니다.

무엇보다도 끝까지 남는 것은 항상 부드러움뿐입니다. 사람이 나이 들어 죽을 때까지 기능을 하는 것은 평소 단단하던 뼈나 치아가 아니라 부드러운 혀와 장기입니다. 부드러움이 가장 강한 것입니다. 그래서 여자는 약하지만 부드러움의 여성은 어떤 풍파와 시련 속에서도 아내와 어머니의 자리를 굳게 지켜냅니다. 우리가 주위에서 보고 아는 한 풍비박산이 난 집안을 지키고 일으켰다는 쪽이 남편이 아니라 언제나 아내인 것은, 아내의 부드러움이 남편의

151

모든 것을 합친 것보다 더 강하기 때문입니다.

제가 알고 있는 분 중에 노처녀의 몸으로 상처(喪妻)한 남자와 결혼한 여성이 있습니다. 결혼 당시 남자에게는 십대 사춘기의 두 딸이 있었습니다. 굳게굳게 결심하고 또 다짐하고 맺어진 결혼이었지만 초혼의 몸으로 자신이 낳지 않은 두 딸, 그것도 십대 사춘기인 두 딸의 어머니 노릇을 한다는 것은 생각했던 것보다 훨씬 더 어려웠습니다.

그녀는 남편의 두 딸을 자기 친자식처럼 지성으로 대했지만, 감수성이 예민한 딸들에게 자신의 진심이 전해지기는 항상 역부족이었고, 도리어 역효과를 초래하는 경우가 더 많았습니다. 눈물로 하얗게 밤을 지새우며 결혼을 후회한 적도 많았고, 이혼을 생각한 적도 수없이 많았습니다. 그러나 자신의 남편이 하나님께서 짝지어 주신 천생배필임을 믿는 신앙심 하나로 버티며 변함없이 두 딸을 사랑으로 대하였습니다.

그러던 어느 날이었습니다. 그날도 부인은 짊어져야 할 삶에 지칠 대로 지친 몸을 간신히 가누고 있었습니다. 그때 큰딸이 다가와 평소와는 다른 음성으로 그녀를 불렀습니다.

"엄마."

그녀가 대답했습니다.

"왜?"

다시 아이가 말했습니다.

"그냥……."

그러고는 쑥스러운 듯 자기 방으로 뛰어갔습니다. 짧은 시간 동안 엄마와 아이가 주고받은 말은 단 세 마디뿐이었습니다. "엄마." "왜?" "그냥……." 그러나 그 세 마디는 의붓어머니와 의붓딸 사이의 앙금을 깨끗이 씻어 주고 서로의 마음을 한데 이어 주는 사랑의 고백이었습니다.

그날 밤 그녀는 감사의 눈물을 얼마나 흘렸는지 모릅니다. 친어머니가 아니면서도 자신을 친딸처럼 변함없이 사랑해 주는 어머니에 대한 자신의 사랑을 딸은 그런 식으로 표현했고, 어머니는 그 사랑의 고백을 알아들었던 것입니다. 그리고 그날 이후로 어머니와 두 딸은 혈육 이상으로 서로 사랑하며 행복한 삶을 살고 있습니다. 그녀의 부드러움이 인간 승리를 일구어낸 것이었습니다.

"엄마." "왜?" "그냥……." 여자끼리의 대화이기에 가능할 수 있었던 이 세 마디야말로 여성의 부드러움이 얼마나 섬세하고, 자상하며, 깊고, 강한지를 여실히 보여 주는 좋은 예가 아닐 수 없습니다. 여성의 부드러움은 이렇듯 위대하고도 아름답습니다. 그러므로 여성이 자신의 부드러움을 지키고 강화하는 것은 자신의 성의 격을 높이는 지혜요, 남편이 아내를 사랑하여 아내의 여성성을 지켜 준다는 것은 아내의 부드러움이 손상을 입지 않도록 그 부드러움을 보호해 주는 것을 의미합니다.

너그러움의 넓이

반면에 남성성의 특징은 너그러움입니다. 너그러움을 결여(缺如)한 남자는 진정한 남성일 수 없습니다. 너그러움 없이는 참된 남편은 고사하고, 인자한 아버지나 바른 사회인도 될 수 없습니다. 너그러움은 큰 마음입니다. 그래서 너그러움의 남성은 항상 그 마음이 따뜻합니다. 너그러움은 아량입니다. 그래서 남성의 너그러움은 남다른 이해를 수반합니다.

여성의 부드러움이 깊이로 드러난다면 남성의 너그러움은 넓이로 나타납니다. 그래서 남성의 관심사는 지구를 넘어 우주에 이르기까지 끝이 없습니다. 여성의 부드러움이 내향적이고 정적(靜的)이라면 남성의 너그러움은 외향적이고 동적(動的)입니다. 그래서 남성은 매사에 활동적입니다.

자기 몸 하나도 제대로 건사할 수 없을 것 같던 남자가 결혼하여 가장의 의무를 다하며, 책임 있는 사회인으로 많은 사람을 통솔하고, 친구를 위해 주머니를 털어 가며 의리를 다하는 것은 바로 남성성이 지니고 있는 너그러움으로 인함입니다. 따라서 남성이 자신을 지킨다는 것 역시 어떤 경우에도 이 너그러움을 고수하는 것이요, 아내의 남편 사랑 또한 남편의 남성성인 너그러움을 존중하고 수용하는 것입니다.

만약 여성이 부드러움을 상실한다면, 부드러움을 결여한 여성성은 그 날카로움으로 인해 많은 사람을 해치게 됩니다. 부드러움과는 거리가 먼 날카로운 성격의 아내와 어머니로부터 크고 작은 피해를 입고 있는 가족은 의외로 많습니다. 너그러움을 상실한 남성성 역시 사람을 질식시키는 족쇄가 되기는 매한가지입니다. 마음이 빗살보다 더 좁은 남편과 아버지 혹은 상사로 인해 고통받는 사람도 부지기수입니다. 자신과 배우자의 성의 격을 서로 지키고 보호해 주어야 할 절대적 필요성이 여기에 있습니다.

아내란 말은 본래 '안해'였는데, 그 뜻이 '안에 있는 해'라고 합니다. 옛날 우리 조상들은 아내를 '안해', 즉 집안의 해로 생각했습니다. 참으로 적절한 표현입니다. 아내가 집안에서 부드러운 햇살이 되지 않는다면 가정은 삭막한 사막이 되고 말 것입니다.

그러나 해는 홀로 존재할 수 없습니다. 해는 자신을 품어 주는 너그러운 하늘이 있어야만 합니다. 그래서 우리 조상들은 남편을 하늘이라 했습니다. 하지만 해 없는 하늘 역시 어둠무더기로 무용지물에 지나지 않을 것입니다.

하늘과 해는 항상 함께 있어야 합니다. 부드러운 해가 있으므로 하늘은 하늘일 수 있고, 너그러운 하늘로 인해 해는 해일 수 있습니다. 부부 역시 이와 같습니다. 아내의 부드러움은 남편의 너그러움 속에서 '안해'가 되고, 남편의 너그러움은 '안해'의 부드러움으로 인해 더 없이 넓은 하늘이 됩니다. 이처럼 하늘과 '안해'가 한데 어우러지는 가운데 그 속에 사는 사람들은 새로운 차원의 존재

155

로, 여성성과 남성성을 동시에 지니신 하나님의 형상으로 승화되게 됩니다. 남성과 여성의 결합인 결혼이 하나님께서 인간에게 주신 가장 위대한 선물이라 함은 바로 이런 연유입니다.

아내가 '투사' 로 보인 까닭

저는 1998년부터 만 3년 동안 스위스 제네바에 있는 한인교회를 위해 일했습니다. 제가 부임할 당시 그 교회의 규모가 워낙 작고 재정적으로 취약하였던지라, 저는 가족을 서울에 둔 채 3년간 제네바에서 혼자 객지생활을 하였습니다. 처음에는 3년 동안 가족도 보지 못할 각오로 떠났습니다만, 방학 때마다 용케도 아내가 비행기표를 마련하여 아이들을 데리고 와 주어 1년에 두 번씩 제네바에서 가족들과 상봉하는 기쁨을 누릴 수 있었습니다.

98년 12월, 가족들이 제네바를 처음 찾아왔을 때 아내의 모습은 예전과 조금도 변함이 없었습니다. 99년 여름방학이 되어 다시 가족들이 찾아왔을 때에도 아내의 모습은 예전 그대로였습니다. 그해 연말 겨울방학을 맞아 세 번째 제네바를 찾은 아내는 예전과 같지 않았습니다. 그때는 제가 서울을 떠난 지 1년 반이 되었을 때였습니다. 이상하게도 아내에게서 엷으나마 남성의 기운 같은 것을 느꼈습니다. 그러나 며칠 지나지 않아 그 기운은 말끔히 가셔

졌습니다.

다시 2000년 여름방학이 되었습니다. 그때의 아내는 평소의 모습이 아니었습니다. 제네바 공항에서 걸어 나오는 아내의 모습이 흡사 투사와도 같았습니다. 제게는 4명의 아들이 있습니다. 제가 제네바에 있는 동안 아내 홀로 4명의 아들을 키워야 했습니다. 제네바에서 저는 단돈 1원의 생활비도 아내에게 보낼 수가 없었습니다. 경제적인 책임 또한 전적으로 아내의 몫이었습니다. 게다가 방학 때마다 아이들 4명을 포함하여 다섯 식구가 저를 만나기 위해 제네바로 오는 항공비도 아내가 마련해야만 했습니다. 남편 없이 아내 혼자 적지 않은 식구를 건사하는 가장의 책임을 다하다 보니, 2년 만에 아내는 자신도 모르게 투사가 되어 있었던 것입니다. 아내의 그런 모습에 미안한 심정을 가누기 어려웠지만, 저는 단지 미안해하기만 했을 뿐 그 이상은 생각지 못했습니다. 투사 같던 아내의 모습은 여름방학을 끝내고 서울로 돌아가기 전 예전의 모습으로 회복되었습니다.

또다시 6개월이 지나 2000년 겨울방학이 되었습니다. 제네바에서 재회한 아내에게서 반년 전 투사의 모습은 더 이상 보이지 않았습니다. 저는 다행으로 여기면서도 그 이유를 알려고 하지는 않았습니다.

어느 날 교우님들과 저녁식사를 하기 위해 막 집을 나설 때였습니다. 옷을 입고 나선 아내의 두 귀에 플라스틱 귀걸이가 달려 있

있습니다. 아내와 결혼할 때 저 역시 아내에게 결혼 패물을 주었고 그 속에는 귀걸이도 포함되어 있었지만, 아내는 그 패물로 자신을 치장한 적이 없었습니다. 몇 년 지나 제가 경영하던 홍성사에 부도가 나자, 빚을 갚기 위해 아내는 패물을 몽땅 처분하였습니다. 그 이후 제가 서울에서 목회를 할 때에도 아내의 귀에서 귀걸이를 본 적은 없었습니다. 치장할 귀걸이도 없었을뿐더러, 아내가 그런 것엔 관심을 보이지도 않았습니다.

그런데 제가 제네바로 떠난 지 2년 반 만에, 더욱이 결혼한 지 19년 만에 아내가 처음으로 귀걸이를 하고 제 앞에 나타난 것이었습니다. 그러니 그 귀걸이가 제게는 생뚱맞게 보일 수밖에 없었고, 생뚱맞게 귀걸이를 한 아내가 엉뚱하게만 여겨졌습니다. 저는 아내에게, 그 귀걸이를 꼭 하고 가야 하는지 물었습니다. 표현은 그런 식으로 점잖게 했지만, 실제로는 귀걸이를 빼라는 압력이었습니다. 그 말에 아내는 두말 않고 양 귀에서 귀걸이를 빼내었습니다. 입으로는 아무 말도 하지 않았지만, 그러나 얼굴엔 절망적이고도 참담한 빛이 역력했습니다. 아내의 그 표정을 보는 순간, 불현듯 생전의 어머님 모습이 뇌리를 스쳤습니다.

어머님 연세가 여든하나 되시던 해였습니다. 연로하신 어머님께서는 주일에 교회를 다녀오시는 일 이외에는 거의 바깥출입을 하지 않으셨습니다. 하루는 밖에서 집으로 전화를 걸었더니, 파출부 아주머니의 부축을 받아 어머님께서 외출하셨다고 했습니다. 저는 으레 누님 댁으로 나들이 가셨거니 생각하였습니다.

밤늦게 귀가하였을 때 어머님께서는 조그만 상자를 만지고 계셨습니다. 그게 무엇이냐고 여쭈었더니, 낮에 산 콜드크림이라고 하셨습니다. 낮에 부축을 받으시면서까지 외출하신 까닭이 바로 그 콜드크림을 사시기 위함이었던 것입니다. 그 소리에 저는 제 귀를 의심했습니다. 어머님께서 콜드크림을 바르시는 모습을 마지막으로 뵌 것이 아득한 옛날처럼 여겨졌기 때문입니다. 그때 어머님께서 거울 속으로 당신의 얼굴을 들여다보시며 독백처럼 말씀하셨습니다.

"나이가 들어 가니까 자꾸 살이 당겨서……."

그 말씀을 듣는 순간 갑자기 제 가슴이 뭉클해지면서 눈시울이 뜨거워졌습니다. 저의 어머님께서 '여성'이라는 사실을 그제야 비로소 깨달았기 때문입니다. 저는 어머님을 단지 '어머니'로만 여겼을 뿐, 어머님께서 여성이라는 사실은 전혀 모르고 살았습니다. 여성으로서의 어머님이 갖는 섬세한 감정의 변화나 소박한 바람 등엔 전혀 무관심하면서도 도리어 그것이 당연한 듯 살아온 것이었습니다. 그처럼 무딘 이 아들로 인해 여성인 어머님께서 감수하셔야 했을 쓴 뿌리가 얼마나 많았겠습니까? 그날 어머님의 콜드크림이 그 모든 저의 잘못을 한순간에 깨닫게 해 주었습니다. 그 이후로 어머님께서 세상을 떠나시기까지 어머님을, 산전수전 다 겪으신 여장부가 아닌 한 명의 여성으로 대해 드리기 위해 제 나름대로 노력하였습니다.

제네바에서 아내가 절망적인 표정으로 귀걸이를 뽑아내는 순간, 81세의 연세에 콜드크림을 사오시던 어머님 생각이 저를 사로잡은 것이었습니다. 그리고 지난번에 왜 아내가 투사처럼 보였던지, 왜 이번에 귀걸이를 하려 했는지 모든 것이 절로 이해되었습니다. 2년 이상 거친 세파에 부대끼며 남편 몫까지 합쳐 홀로 가사를 책임져야 하는 아내의 고달픈 삶이 아내에게서 여성성을 앗아간 것이었습니다. 여성성의 균형을 잃은 아내는 투사처럼 보일 수밖에 없었습니다.

아내가 자신의 심각한 변화를 모를 리 없었습니다. 아내는 어느날 집 근처 홍익대학교 앞을 지나가다가, 플라스틱 귀걸이를 몇 개 샀습니다. 상실한 자신의 여성성을 회복하고 지키려는 여성의 본능이었습니다. 그리고 그 중의 하나를 자랑삼아 제 앞에서 달았다가 즉석에서 보기 좋게 면박을 당한 것이었습니다. 한마디로 저는 그날, 일방적으로 가사를 떠맡긴 저로 인해 상실한 자신의 성의 격을 회복하려는 아내의 여성성을 무자비하게 거세해 버린 셈이었습니다. 그 사실을 깨닫고 나니 아내에게 미안한 마음과 아울러, 아내를 사랑한다면서도 막상 아내가 여성임을 망각한 채 가장 중요한 아내의 여성성을 지켜 주지 못했던 저 자신이 너무나도 어리석게 여겨졌습니다.

성의 격을 지켜 주는 수고

그 이듬해(2001년) 봄에 집회 인도차 영국을 다녀오게 되었습니다. 비행기에서 좌석에 비치된 기내상품 목록을 뒤적이다 보니 예쁜 귀걸이가 눈에 들어왔습니다. 아내에게 참회하는 마음으로 거금 80달러를 주고 그 귀걸이를 구입하였습니다.

마침내 제네바에서 가족들을 맞는 마지막 여름방학이 다가왔습니다. 저는 아내가 도착하기 전에 아내가 사용할 옷장 속에 귀걸이 주머니를 미리 놓아 두었습니다. 제네바에 당도한 아내가 옷장 속에서 그 귀걸이를 발견하고 감격하였음은 물론입니다. 그런데 갑자기 아내가 물었습니다.

"여보, 정말 귀를 뚫어도 돼요?"

저는 아무것도 모르고 샀는데, 알고 보니 그 귀걸이는 귀를 뚫어야 하는 것이었습니다. 아내의 여성성을 지켜 주기 위해 귀걸이까지 선물한 판에 귀 뚫는 것을 마다할 이유가 없었습니다. 저는 아내의 손을 잡고 귀 뚫는 곳을 직접 찾아가 스위스 사람의 손으로 귀를 뚫어 주었습니다.

그 이후 지금까지 저는 아내의 여성성을 지켜 주고 보호해 주기 위해 최선을 다하고 있습니다. 구체적으로 말씀드리면 여성 특유의 섬세한 감정, 사려 깊은 마음, 아름다운 생각 등으로 대변되는 아내의 부드러움을 지켜 주고 감싸 주는 너그러움이 되기 위해 애쓰고 있습니다. 그것이 아내에 대한 최고의 사랑임을, 그것이 하나님께서 요구하시는 부부의 사랑임을 확실하게 알았기 때문입니다. 그리고 아내가 가장 여성적일 때 아내의 내조 속에서 저 자신이 가장 너그러운 남편이 될 수 있음을 삶의 체험을 통해 확실하게 터득했기 때문입니다. 남편이 아내의 여성성을 지켜 줄 때 아내가 집안의 부드러운 '안해'가 되고, 아내가 '안해'가 되므로 남편이 너그러운 하늘이 되며, 그 하늘과 '안해' 속에 사는 가족들이 한데 어우러져 하나님의 형상을 지닌 사람다운 사람으로 회복되어 간다는 것은 얼마나 감격적인 일입니까?

사랑하는 형제자매 여러분!

여러분의 아내, 미래에 여러분의 아내가 될 사람이 아내이기 이전에 여성임을 잊지 마십시오. 그녀의 여성성을 지키고 보호함으로써 여성인 아내를 진심으로 사랑하십시오. 여러분의 남편, 미래에 여러분의 남편이 될 사람이 남편이기 이전에 하나님께서 남성으로 창조하셨음을 기억하십시오. 그의 남성성을 끝까지 존중함으로써 남편에 대한 사랑을 다하십시오. 그때 너그러운 하늘과 부드러운 '안해'로 승화된 여러분의 삶은 보석보다 더 아름다운 생명과 사랑의 열매로 넘칠 것입니다.

❖

사람을 창조하시되 당신의 형상을 따라 남자와 여자를 창조하시고 그들을 사람이라 부르신 하나님!

우리 모두 하나님의 창조의 법칙 속에서 상대의 성의 격을 지키고 존중하는 성숙한 사랑의 사람들이 되게 해 주옵소서. 그 사랑 속에서 아내는 부드러운 '안해'가, 남편은 너그러운 하늘이 되게 하옵소서. 그 하늘과 '안해' 속에 살아가는 모든 사람들이 하나님의 형상으로, 사람다운 사람으로 회복되는 생명의 기쁨을 누리게 하옵소서. 아멘.

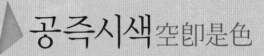

공즉시색 空即是色

그런즉 누구든지 그리스도 안에 있으면
새로운 피조물이라 이전 것은 지나갔으니 보라
새것이 되었도다 ●고린도후서 5장 17절

덕수궁 앞 '무우수인'

덕수궁 정문 오른쪽 보도 위에는, 비가 오지 않는 날이면 으레 서각에 열중하고 있는 조규현 씨의 모습을 볼 수 있습니다. '서각'(書刻)이란 나무판에 조각도(彫刻刀)로 글자를 양각 혹은 음각으로 새기는 것을 의미합니다. 작업에 골몰하고 있는 조규현 씨 뒤쪽 덕수궁 돌담에는 그의 서각 작품들이 수십 점이나 전시되어 있습니다. 그 모든 작품마다 끝부분에 '무우수인'(無右手人), 즉 '오른손이 없는 사람'이란 글자가 각인되어 있습니다. 놀랍게도 서각예술가인 그에게는 오른손이 없습니다.

조규현 씨가 35년 전인 1970년 4월 9일 밤 9시 30분 서울 신림동에서 불의의 교통사고를 당해 오른손을 영영 잃을 때, 그의 나이 겨우 열 살이었습니다. 그 어린 나이에 불구가 되었으니 십대와 이십대를 거치면서 그가 겪지 않을 수 없었던 좌절과 번민이 얼마나 컸겠습니까? 가장 중요한 오른손을 잃은 만큼, 그 보상심리로 자기집착은 또 얼마나 강했겠습니까?

그러던 중 그의 나이 스물다섯 살이 되던 해, 나중에 그의 사부가 된 서각예술가 고암(孤岩) 선생을 만나면서 그의 인생은 일대 전환점을 맞았습니다. 고암 선생이 조각도로 나무판에 글자를 새기는 것을 본 그는, 서각이야말로 자기 생을 던질 자신의 천직임을 직감하였습니다.

그는 손이 없는 오른쪽 팔뚝에 압박붕대로 조그만 망치를 묶은 뒤, 왼손에 쥐어져 있는 조각도를 오른팔에 묶인 망치로 쳐서 글자를 새기는 방식으로 사부로부터 서각 기술을 전수받았습니다. 그리고 11년 전부터 덕수궁 앞에서, 자신의 달란트를 필요로 하는 사람을 섬기는 마음으로 서각을 계속해 오고 있습니다.

비록 오른손이 없지만, 보도 위에 설치된 작업대 앞에서 오른팔에 묶인 망치로 왼손의 조각도를 치면서 서각에 몰입하는 그의 얼굴은 조금도 어둡지 않습니다. 언제 보아도 보는 이가 부러울 정도로 맑고 밝습니다. 지나가던 아이들이 '무우수인'의 작업 모습을 보고 호기심에 이것저것 물어도 그는 전혀 귀찮아하지 않습니다. 오히려 하던 작업을 멈추고 시범까지 보여 주면서, 아이들이 질문을 그만 할 때까지 친절하게 대답해 줍니다.

그는 그리 키가 큰 사람이 아닙니다. 그러나 그의 일거수일투족은 쉘 실버스타인의 책 제목 '아낌없이 주는 나무'처럼, 자신을 송두리째 내어 주는 거목을 연상케 합니다.

그가 서각한 작품 중에 '봉헌'이란 제목의 시(牛一 김재경 作)가 있습니다.

긴 길은 자기를 먼 곳에다 바치고
장미꽃은 사랑에다 자기를 바치는데
나는 무엇을 가지고 당신에게 바칠까
내 사랑하는 사람아

흰 구름은 새벽을 위하여 바치고
강물도 바다에게 자기를 바치는데
나는 당신에게 무엇을 바칠까
내 사랑하는 친구야

나는 너에게 무엇을 바칠까
끊임없이 정지하지 않고 나는 묻는다
끊임없이 정지하지 않고 나는 찾는다
정지하지 않고 생각한다

흰 비둘기 창공에 아름다움을 더하고
별빛은 기나긴 여름밤을 비춰주는데
나는 너에게 무엇을 바칠까
내 사랑하는 아이야

비는 대지를 적셔 주고
세월은 계절에게 바치는데
나는 당신에게 무엇을 바칠까
내 사랑하는 부모여

항상 자신을 내어 주기 위해 존재하는 자연과, 그 자연과는 달리 무엇 하나 남을 위해 선뜻 내어놓지 못하는 인간을 대조하여 보여 주는 이 시는, 우리로 하여금 두고두고 많은 것을 생각하게 합니다. 덕수궁 돌담에 전시되어 있는 조규현 씨의 많은 서각 작품들 가운데 유독 '봉헌'이란 제목의 이 시가 제 마음에 와 닿은 것은, 물론 그 내용도 깊은 의미를 담고 있었지만, 그보다는 이 시를 서 각한 '무우수인'인 그의 모습 자체가 마치 대자연의 봉헌처럼 여겨 졌기 때문입니다.

이타적 육체, 이기적 본성

자연은 어느 것 하나 남을 위해 자신을 내어 주지 않는 것이 없 습니다. 하늘의 해와 달도, 시냇물도, 심산계곡의 이름 모를 꽃도, 모두 자신을 필요로 하는 자에게 자신을 아낌없이 내어 줍니다. 사 과와 감 같은 과실수가 1년 내내 수고하며 열매를 맺는 것도, 자신이 먹기 위함이 아니라 누군가에게 남김없이 나누어 주기 위해서입니다. 짐승과 곤충의 세계에도 먹이사슬이라는 게 있어 서로 먹이가 되어 줍니다. 그래서 자연은 언제나 그 자체로 하나의 크나큰 감동으로 다가옵니다.

자연을 창조하신 하나님께서 인간도 창조하셨습니다. 인간 역시 본래는 자연처럼 이타적 존재로 창조된 것입니다. 하나님께서 창조하신 인간의 사지백체(四肢百體)를 보십시오. 인간 육체의 어떤 기관도 자신을 위해 존재하는 기관은 없습니다. 오른손은 오른손을 위해 존재하지 않습니다. 오른손에 문제가 생겼을 때 오른손은 자신을 위해 아무것도 할 수 없습니다. 반드시 왼손이 해결해 주어야 합니다. 반대로 왼손의 문제는 오른손이 처리해 주어야 합니다.

아무리 진수성찬이 차려져 있어도 손은 그 음식을 전혀 맛볼 수 없습니다. 단지 음식을 입으로 운반해 줄 뿐입니다. 입은 자신을 위해 음식을 씹는 것이 아니라 위장으로 내려보내기 위해서요, 위장은 그 음식의 영양분을 몽땅 온 몸에 나누어 주기 위해 밤낮없이 수고합니다. 이렇듯 인간의 사지백체는 어느 것 하나 예외 없이 모두 이타심의 결정체로 이루어져 있습니다.

그러나 불행하게도, 이 아름다운 사지백체의 주인인 인간은 남을 위해 자신을 내어 주지 않습니다. 내어 주기는커녕 밑 빠진 독처럼, 결코 채워질 수 없는 자신의 욕망을 채우기 위해 도리어 많은 사람들을 해치며 살아가고 있습니다. 참으로 이상하지 않습니까? 인간 육체의 각 기관은 자신을 아낌없이 내어 주는 대자연처럼 이타심의 결정체로 이루어져 있는데, 그 육체의 주인인 인간은 왜 추악한 이기심의 노예로 살아가는 것입니까?

그것은 인간의 죄성으로 인함입니다. 죄로 인해 타락한 인간의 본성이 자신의 아름다운 육체를 그릇된 욕망의 도구로 전락시켜 버린 것입니다.

인간의 죄성을 다른 용어로 표현하면 자기집착입니다. 최초의 인간인 아담은 하나님의 법을 어기고 금단의 열매를 먹음으로 죄를 범했습니다. 피조물에 지나지 않는 인간이 창조주의 법을 무시한 것은 자기집착으로 인함이었습니다. 자기집착은 이 세상에서 자기보다 더 큰 것을 인정하지 않는 것입니다. 그래서 인간의 죄성과 자기집착은 구별되지 않습니다. 죄 역시 피조물이 창조주보다 자신을 더 크게 여기는 교만이기 때문입니다.

자연은 그 무엇에도 집착하지 않습니다. 집착하지 않기에 항상 자신을 송두리째 내어놓을 수 있고, 누구에게든 자신을 주기에 언제나 청정한 생명일 수 있습니다. 그러나 인간은 집착의 굴레에서 벗어나지 못합니다. 무엇엔가 늘 집착하며 살아가고 있습니다. 무서운 것은 인간이 무엇에 집착하든 그 집착이 실은, 거기에 마음을 쏟고 있는 자기 자신에 대한 집착이라는 것입니다.

돈에 집착하든, 권력에 집착하든, 집착의 대상은 인간 외부에 있지 않습니다. 그것은 돈이나 권력을 절대시하는 자신에 대한 자기

집착입니다. 모든 인간의 집착은 예외 없이 자기집착입니다. 그래서 인간의 집착이 무섭습니다. 인간의 자기집착이란 결국 자기욕망에 대한 집착이기에, 자기욕망에 사로잡힌 인간의 삶은 자신의 의지와는 무관하게 타인에겐 흉기로 드러나게 됩니다. 오늘날 우리 사회의 인간관계가 삭막하다 못해 갈수록 험악해지는 것은, 이 사회를 구성하고 있는 우리 모두가 저마다 자기집착에 빠져 있기 때문입니다. 바꾸어 말해 누군가에게 자신을 주기 위해 존재하는 것이 아니라, 누군가를 혹은 누군가가 소유하고 있는 그 무엇을 이용하여 자기욕망을 채우기 위해 존재하는 것입니다.

색즉시공이 '섹스 코미디'?

'색즉시공 공즉시색'(色卽是空 空卽是色)이란 말이 있습니다. 요즈음 젊은이들에게 '색즉시공'은 임창정, 하지원 주연의 영화 제목으로 더 잘 알려져 있습니다. 2002년 12월에 개봉되었던 영화〈색즉시공〉의 포스터와 광고에 등장했던 문구들은 다음과 같습니다.

"풍기문란 섹시 코미디.""섹스 어드벤처.""당신이 섹스에 관해 알고 싶은 모든 것.""애들은 가라, 두사부사단이 돌아왔다. 이번엔 색이다."

마지막 문구에 "두사부사단이 돌아왔다"는 표현이 등장한 것은,

영화 〈색즉시공〉의 감독이 그 전해의 히트 영화 〈두사부일체〉의 윤제균 감독이었기 때문입니다. 그런가 하면 어느 영화해설가는 영화 〈색즉시공〉을 이렇게 소개하였습니다.

"대학생 젊은이들의 성과 사랑을 주제로, 국내에 본격적으로 화장실유머를 선보이는 섹스 코미디."

화장실유머란 일반적으로 성적 유머 중에서도 저질스러운 성적 유머를 의미하는 요즈음 말입니다.

이 모든 것을 종합하여 보면 영화 〈색즉시공〉은 섹스에 집착하는 대학생들을 소재로 삼은, 그리 품격을 갖춘 영화가 아님을 알게 됩니다. 따라서 왜 이런 영화에 '색즉시공'이란 제목을 붙였는지 우리는 그 까닭을 짐작할 수 있습니다. '색즉시공'의 색(色)을 섹스의 의미로 사용하여, '색'은 즉시 '빌 공(空)' 즉 해소해야 한다는 암시입니다. 이것이 오늘날 우리나라 대학생 대부분이 정말 섹스에 대한 집착 속에서 살고 있기 때문인지, 아니면 그렇게 하라고 기성세대가 무책임하게 부추기기 위함인지는 저로서는 알 수 없습니다만, 여하튼 이 영화는 2003년 초까지 상영이 이어지면서 전국적으로 420만 명의 관객을 동원하는 대박을 터트렸습니다.

영화 〈색즉시공〉의 흥행 성공은 이듬해(2004년) 다른 영화사의 〈공즉시색〉 제작 발표로 이어졌습니다. 조혜정 씨의 인터넷소설 〈난 악녀로 남을 수밖에 없다〉를 신동엽 감독에 이효리 주연의 영화로 기획하면서 제목을 '공즉시색'으로 바꾼 것입니다.

당시 이 영화에 대한 제작사의 설명은 다음과 같습니다.

"악녀일 수밖에 없었던 신세대 여대생이 3년 연하의 남자와 운명적인 동거를 통해 진실한 사랑을 찾는 로맨틱 섹시 코미디.""남성들의 성담론인 〈색즉시공〉의 속편 격으로 기획된 작품으로, 여대생들의 성에 대한 담론을 영상화한 영화."

결국 〈공즉시색〉 역시 섹스에 집착하고 있는 영화임을 알게 됩니다. 기획자 스스로 그 영화를 〈색즉시공〉의 속편 격이라 밝혔다는 것은, '공즉시색'이란 제목이 영화 〈색즉시공〉의 역의미로 사용되었음을 짐작케 해 줍니다. 발표대로라면 〈공즉시색〉은 올해 (2005년) 초에 벌써 개봉되었어야 하지만 7월말인 지금까지도 감감무소식입니다. 영화전문가에게 알아보았더니 여러 가지 사정으로 제작이 무산되었다고 합니다. 〈공즉시색〉을 기획했던 영화사에는 미안한 이야기지만, 얼마나 다행한 일인지 모르겠습니다. '색즉시공'(色卽是空)과 '공즉시색'(空卽是色)은 섹스 코미디 영화 제목이나 화장실유머의 소재로 이용되기에는 그 뜻이 너무나도 심오하고, 더욱이 무엇에 대한 집착의 의미로는 결코 오용될 수 없는 정반대 의미의 용어이기 때문입니다.

'색즉시공 공즉시색'의 본뜻

본래 '색즉시공 공즉시색'은 불교의 정수를 담고 있는 반야심경에 나오는 말입니다. '색즉시공'의 '색'(色)은 한자로 '빛'을 가리키지만, 여기에서는 '눈에 보이는 이 세상의 모든 것'을 의미합니다. 따라서 '색즉시공'을 알아듣기 쉽게 간단하게 설명하면, 이 세상에서 눈에 보이는 모든 것은 실은 '공'(空), 즉 '없는 것'이요 '헛것'이라는 의미입니다.

요즈음 서울에서는 보기 어렵습니다만, 아직도 서울을 벗어나면 비가 그친 뒤 간혹 무지개를 볼 수 있습니다. 사람이 무지개를 인식할 수 있는 것은 눈에 보이는 무지개가 하늘에 분명히 걸려 있기 때문입니다. 눈으로 볼 수 있는 무지개를 그 누구도 없다고 부정하지는 못할 것입니다. 그렇다고 무지개가 실체를 지닌 것은 아닙니다. 무지개란 공중에 떠 있는 물방울들에 햇빛이 굴절 반사되어 일어나는 일시적인 빛의 현상일 뿐입니다. 분명히 있는 것처럼 보이지만 실제로는 없는 것이요, 헛것에 지나지 않습니다.

인생도 이와 마찬가지입니다. 길어야 팔구십 년인 인간 수명이 대단한 것 같지만 영원의 관점에서 보면 무지개처럼 없는 것과 같고, 헛것에 지나지 않습니다. 문자 그대로 '색즉시공'입니다. 그러므로 '색즉시공'의 교훈은 이 세상의 그 무엇에도 집착하지 말라는 것입니다. 생각해 보십시오. 열흘 붉은 꽃이 없고, 공동묘지 앞에

왕후장상의 구별이 없는 판에, 대체 무엇에 대한 무슨 집착이 의미를 지닐 수 있겠습니까? 그럼에도 인간은 모두 무엇엔가 집착하며 살아갑니다. 인간의 불행과 비극의 시발점은, 따지고 보면 모두 인간의 자기집착입니다. 인생이 '색즉시공'임을 깨닫지 못하기 때문입니다.

반면에 '공즉시색'은 한마디로, '없는 것은 곧 있는 것'이란 뜻입니다. 항상 '색즉시공'과 병행하여 사용되는 '공즉시색'의 교훈을 쉽게 표현하면, '자기집착에서 벗어나면 없는 것 같고 헛것 같은 이 세상이 새로운 의미의 실체로 다가온다'는 것입니다. 인간이 자기에게 집착하는 한 그 집착은 인간의 생명을 갉아먹습니다. 마치 쇠에서 나온 녹이 쇠를 갉아먹는 것과 같습니다. 스스로 자기 생명을 갉아먹는 삶이야말로 결국은 '헛것'으로 끝날 수밖에 없습니다.

그러나 자기집착에서 벗어나면, 그때부터 인간은 이 우주의 일원으로서 온 우주만물에 보탬이 되는 전혀 새로운 차원의 삶을 살게 됩니다. 자기집착에서 벗어난 인간이 비로소 자신의 사지백체를 본래의 의미대로, 다시 말해 이타심의 결정체로 사용하게 되는 것입니다. 이런 의미에서 '색즉시공 공즉시색'은 우리의 마음속에 깊이 새겨야 할 금언(金言)이 아닐 수 없습니다.

안개와 그림자

하나님의 말씀인 성경은 인생을 다음과 같이 정의하고 있습니다.

> 들으라 너희 중에 말하기를 오늘이나 내일이나 우리가 아무 도시에 가서 거기서 일 년을 유하며 장사하여 이(利)를 보리라 하는 자들아 내일 일을 너희가 알지 못하는도다 너희 생명이 무엇이뇨 너희는 잠간 보이다가 없어지는 안개니라(야고보서 4장 13-14절)

성경은 인생을 안개라 했습니다. 안개란 있는 것 같지만, 무지개처럼 실체가 없습니다. 해만 떠오르면 순식간에 사라져 버리고 맙니다. 인생이 그와 같습니다.

> 사람은 헛것 같고 그의 날은 지나가는 그림자 같으니이다
> (시편 144편 4절)

그림자란 실상이 아니라 헛것, 다시 말해 허상입니다. 영원 앞에서 인생이란 그야말로 헛것이요, 허상에 지나지 않습니다.

이와 같이 성경 역시 인생이 '색즉시공'임을 일깨워 주고 있습니

다. 그래서 주님께서는 우리에게 자기부인을 요구하십니다. 자기부인이란 자기집착에서 벗어나라는 것입니다. 헛것에 지나지 않는 자기에게 집착하는 것은, 그야말로 자신의 인생 자체를 헛것으로 날려 버리는 어처구니없는 짓일 따름입니다.

문제는 어떻게 자기집착으로부터 벗어날 수 있느냐는 것입니다. 속세를 버리고 심산계곡에 둥지를 튼다고 해서 자기집착에서 벗어날 수 있는 것은 아닙니다. 몸은 비록 첩첩산중에 거하고 있다 해도 그 마음이 여전히 세상에 집착하고 있다면, 그는 실은 속세 한가운데 앉아 있는 것과 같습니다. 굳게 결심하고 온갖 고행을 다한다고 자기집착을 버릴 수 있는 것도 아닙니다. 이미 말씀드린 바와 같이 자기집착이란 인간의 죄성이기 때문입니다.

죄로 타락한 인간의 본성은 인간의 노력으로는 결코 회복되지 않습니다. 한국인이 아무리 노력해도 본질적으로 백인이 될 수 없는 것과 같은 이치입니다. 이 죄성은 십자가에서 우리가 받아야 할 죽음의 죄 값을 대신 치르신 예수 그리스도 안에서만 씻어지고 회복됩니다. 바꾸어 말해 우리를 위해 죄의 사슬을 끊어 주신 예수 그리스도 안에서만 자기집착의 멍에에서 비로소 해방될 수 있습니다.

이것이 하나님께서 다음과 같이 말씀하시는 까닭입니다.

그런즉 누구든지 그리스도 안에 있으면 새로운 피조물이라

이전 것은 지나갔으니 보라 새것이 되었도다(고린도후서 5장 17절)

 안개처럼, 그림자처럼, 헛것에 지나지 않던 인생은 구원자이신 예수 그리스도 안에서 새로운 피조물로, 새것으로, 전혀 새로운 존재로 승화됩니다. 예수 그리스도 안에서 '색즉시공'이 '공즉시색' 으로 바뀌는 것입니다. 중요한 것은 바로 이 단계에서 인간은 자기 집착에서 벗어나게 된다는 것입니다. 예수 그리스도 안에서 존재 자체가 새로워진 인간에게는 더 이상 집착해야 할 이기적인 옛 자아가 존재하지 않기 때문입니다.

 예수 그리스도 안에서 새로운 피조물로 회복된 인간은 그때부터 대자연처럼, 누군가를 위해 자신을 아낌없이 내어 주게 됩니다. 그 것이 생명의 특성입니다. 참된 생명은 항상 누군가를 향해 흘러가게 마련입니다. 고이거나 멈추기를 원하는 생명이 더 이상 생명일 수 없는 것은, 생명은 멈추거나 고이는 순간부터 이내 썩어 버리기 때문입니다. 그러나 예수 그리스도 안에서 '공즉시색'을 얻은 자는, 비록 주머니는 비어 있어도 남에게 줄 것은 항상 넘쳐나게 됩니다. 이타심의 결정체로 이루어져 있는 그의 사지백체가 원래의 기능을 회복한 탓도 있지만, 생명은 마치 옹달샘과 같아 퍼내면 퍼낼수록 더욱 솟아나기 때문입니다.

아야꼬와 요네꼬 : 삶이 황홀한 이유

폐병으로 고통받던 일본의 미우라 아야꼬 여사는 그 끝에 발병한 척추 카리에스로, 무려 13년 동안 투병 생활을 해야만 했습니다. 그가 하루 종일 하는 일이라곤 밤낮 병상에 누워 있는 것뿐이었습니다. 그래도 그녀는 자기에게 집착하지 않았습니다. 환자가 자기에게 집착하면 그로 인해 주위에 있는 많은 사람들이 힘든 삶을 살게 됩니다. 그러나 그리스도 안에서 집착의 멍에를 벗어던지고 새로운 피조물이 된 미우라 아야꼬는, 비록 육체는 중병에 시달릴망정 자신에겐 다른 사람들에게 줄 것이 많음을 알고 있었습니다.

자신의 병실을 드나드는 간호사와 얼굴이 마주칠 때마다 웃어주었고, 같은 병실의 환자들을 위해 기도해 주었습니다. 전신을 움직이기 힘들어 엽서 한 장 쓰는 데 사흘씩이나 걸렸지만, 그녀는 삶에 지친 지인들에게 격려의 엽서를 계속 써 보내었습니다. 많은 사람들이 그녀에게 감동을 받았습니다. 시간이 지나면서 사람들이 그녀의 병실을 직접 찾아오거나 편지로 인생 상담을 요청하기까지 했습니다. 퇴원 후 온갖 질병에 계속 시달리는 중에도, 그녀는 소설가가 되어 많은 사람의 영혼에 생명의 빛을 던져 주었습니다. 일평생 병약한 환자로 살았지만, 건강한 사람보다 남에게 나누어 줄 것은 더 많았습니다. 예수 그리스도 안에서 '공즉시색', 새로운 피조물이 된 그녀에게는 언제나 참 생명이 넘치고 있었기 때문입니다.

10년 전 한국을 방문했던 일본의 다하라 요네꼬 여사는 젊은 시절 많은 것을 소유하고 있었습니다. 그러나 자신의 소유에 대해 한 번도 만족해 본 적이 없었습니다. 오히려 자신이 갖지 못한 것에 대한 절망 속에서 살았습니다. 그와 같은 그녀의 심중에 다른 사람을 위한 공간이 있을 리가 만무했습니다. 마침내 자기집착과 자기절망을 이기지 못한 젊은 요네꼬는 달려오는 전차에 뛰어들어 자살을 기도했습니다. 자살은 미수에 그쳤고, 그 결과는 너무나도 참담했습니다. 두 다리와 왼팔은 아예 떨어져 나가 버렸고, 그나마 하나 남은 오른손도 손가락이 두 개가 사라지고 없었습니다. 두 다리와 두 팔, 10개의 발가락과 10개의 손가락 중에 남은 것이라고는 오른팔에 붙어 있는 손가락 세 개뿐이었습니다.

멀쩡한 사지를 갖고서도 자살을 시도할 정도였다면, 손가락 세 개밖에 남지 않은 극한적인 상황 속에서는 수단과 방법을 가리지 않고 죽어야 마땅하지 않겠습니까? 그러나 그 후 요네꼬 여사는 전혀 새로운 인생을 살고 있습니다. 예수 그리스도 안에서 '공즉시색', 새로운 피조물이 되었기 때문입니다. 새로운 피조물이 되어 자기집착에서 벗어난 그녀는 놀라운 사실을 발견하였습니다. 어느 날 세 개의 손가락밖에 붙어 있지 않은 오른손을 내려다보던 중, 자신에게 손가락이 무려 세 개나 남아 있다는 감격적인 깨달음이었습니다. 없는 것에만 집착하던 그녀가 자기에게 있는 것의 소중함을, 자신에게도 줄 것이 있음을 확인한 것입니다.

그녀는 그 세 개의 손가락으로 글을 쓰기 시작했고 그 책의 제목을 '산다는 것이 황홀하다'고 붙였습니다. 어떻게 두 다리가 없고, 한 팔이 없으며, 발가락 열 개와 손가락이 일곱 개나 없는 그녀의 삶이 황홀할 수 있겠습니까? 예수 그리스도 안에서 자기집착으로부터 벗어나 새로운 피조물이 되었을 때, 손가락 세 개만으로도 이 세상을 향해 줄 것이 너무나도 많았기 때문입니다.

덕수궁 앞의 서각예술가 조규현 씨에게 제가 물었습니다.

"사부님으로부터 귀한 서각 기술을 전수받았다 해도 몸은 여전히 불편하지 않습니까? 그런데 어떻게 육체의 장애를 극복하고 모든 사람을 그토록 지성으로 대할 수 있게 되었습니까? 지나가던 아이들의 연이은 질문에도 거리낌 없이 자신을 내어 줄 수 있게 된 계기가 있었는지요?"

그의 대답은 간단명료하면서도 강렬했습니다.

"하나님께서 내게 이런 귀한 달란트를 주셨는데, 왜 내가 다른 사람에게 나를 주지 못하겠습니까? 다른 사람에게 나를 줄 수 있는데, 육체의 장애가 무슨 문제가 되겠습니까?"

그는 자기집착의 굴레에서 벗어나 '공즉시색'을 이룬 위대한 거인이었습니다.

공즉시색 : 그리스도 안에서

긴 길은 자기를 먼 곳에다 바치고
장미꽃은 사랑에다 자기를 바치는데
나는 무엇을 가지고 당신에게 바칠까
내 사랑하는 사람아

흰 구름은 새벽을 위하여 바치고
강물도 바다에게 자기를 바치는데
나는 당신에게 무엇을 바칠까
내 사랑하는 친구야

나는 너에게 무엇을 바칠까
끊임없이 정지하지 않고 나는 묻는다
끊임없이 정지하지 않고 나는 찾는다
정지하지 않고 생각한다

흰 비둘기 창공에 아름다움을 더하고
별빛은 기나긴 여름밤을 비춰주는데
나는 너에게 무엇을 바칠까
내 사랑하는 아이야

비는 대지를 적셔주고
세월은 계절에게 바치는데
나는 당신에게 무엇을 바칠까
내 사랑하는 부모여

사랑하는 형제자매 여러분!

없는 것으로 인해 절망하지 마십시오. 헛것 같은 자기에게 집착하느라 단 한 번뿐인 인생을 물거품처럼 날려 버리는 어리석음을 범치도 마십시오.

이 세상과 인생을 창조하신 하나님의 법칙을 좇으십시오. 하나님께서 인간을 위한 구원자로 이 땅에 보내 주신 예수 그리스도 안에 거하십시오. 그분 안에서 '색즉시공 공즉시색'을 이루십시오. 그분 안에서 자기집착을 벗어던지는 새로운 피조물이 되십시오. 그때부터 여러분의 주머니에 든 것이 없어도, 여러분의 육체에 장애가 있어도, 여러분이 하루 종일 병상에 누워 있어도, 여러분에게는 이 세상에 나누어 줄 것이 무궁무진할 것이요, 예수 그리스도 안에서 여러분의 삶은 대자연의 봉헌처럼 황홀하기 그지없을 것입니다. 인간의 인생은 허상에 지나지 않지만 예수 그리스도, 그분은 천지를 창조하신, 전능하신 하나님의 실상이시기 때문입니다.

❖

주님! 오늘도 자기집착의 노예가 되어, 헛것 같은 인생을 좇느라 피곤에 지친 주님의 백성들이 이곳에 나왔습니다. 이들이 주님 안에서 새로운 피조물로 거듭나게 하옵소서. 자기집착의 사슬로부터 해방을 얻게 하옵소서. 주님 안에서 자신에게도, 이 세상에 나누어 줄 것이 무궁무진함을 깨닫게 하옵소서. 이 세상에서 가장 황홀한 삶은, 주님 안에서 자신을 나누어 주는 삶임을, 자신의 삶으로 확인하는 기쁨을 누리게 하옵소서. 그와 같은 우리 모두의 삶이, 이 삭막한 세상을 위한 사랑과 생명의 오아시스가 되게 하옵소서. 아멘.

08 "울어라, 조국이여"

가까이 오사 성을 보시고 우시며 가라사대
너도 오늘날 평화에 관한 일을 알았더면
좋을 뻔하였거니와 지금 네 눈에 숨기웠도다
●누가복음 19장 41-42절

김재윤 군의 에세이

한 달 전 필리핀의 아테네오 데 마닐라 대학에 유학 중인 김재윤 군의 에세이가 〈마닐라 타임스〉에 게재되어 화제를 모았습니다. 본래는 학교에 제출된 것이었는데, 에세이의 내용에 감동한 교수에 의해 필리핀 유력 일간지에까지 실리게 된 것이었습니다.

"필리핀 국민들은 조국을 사랑하지 않는다"(Filipinos do not love the Philippine)는 제목의 그 에세이는 당시 언론을 통해 우리에게도 전해졌습니다(〈연합뉴스〉 2005년 7월 30일치). 그 주요 내용을 다시 한 번 들려드리겠습니다.

> 필리핀인들은 늘 부정부패에 대해 불평을 늘어놓는다. 그러나 필리핀의 진짜 문제에 대해 국민들이 제대로 생각해 본적이 있는가? 그렇지 않다는 것이 나의 생각이다. 진짜 문제는 애국심의 부족이라는 게 내 생각이다. 한국의 경우를 들어 보자.

한국전쟁이 끝난 직후 한국은 전 세계에 걸쳐 최빈국 가운데 하나였다. 전쟁으로 모든 것이 파괴된데다 천연자원이 없는 한국으로서는 맨주먹으로 시작할 수밖에 없었다. 이런 상황에서 한국인들은 아시아의 부국인 필리핀을 이야기하면서 부러워했다. 필리핀처럼 잘살고 싶었던 것이다.

한국정부는 끔찍할 정도로 부패했으며, 필리핀인들이 상상할 수 없을 정도로 여전히 부패해 있다. 그러나 한국은 극적인 발전을 이뤘다. 이는 한국인들이 불타는 애국심 하나로 공공의 이익을 위해 최선을 다했기 때문이다.

박정희 전 대통령이 집권했을 당시 한국에는 단 3개의 공장밖에 없었다. 한국의 경제상황을 보아서는 외국으로부터 차관을 제대로 도입할 수도 없었던데다 외국인들의 대한투자도 힘들었다. 이런 상황에서 박 전 대통령은 독일에 광부와 간호사를 수출했다. 이들이 송금한 돈은 고스란히 공장을 짓는 데 사용됐다.

1964년 박 전 대통령이 차관 도입 차 독일을 방문했을 때 환영 차 나온 수백 명의 한국 광부와 간호사들은 "대통령님, 우리는 언제 잘살 수 있습니까?"라는 질문을 던졌다. 이 질문에 박 전 대통령은 함께 울면서 모두 다 나라를 위해 최선을 다한다면 반드시 잘살 수 있을 것이라고 대답했다. 이 장면에 강한 인상을 받은 독일 정부는 차관을 제공하게 됐다.

박 전 대통령은 국민에게 과연 마음속으로부터 애국하고 있는지를 늘 물었다. 미국에서 체류하던 많은 한국 과학자들과 엔지니어들은 한국을 부국으로 만들고 싶다는 일념 하나로 귀국길에 올랐다. 비록 이들은 미국에서 받는 것보다 비교도 되지 않는 적은 급여를 받았지만 최선을 다했다. 그들은 자식들만은 반드시 잘사는 나라의 국민이 되어야 한다는 희망을 잃지 않았다.

내 부모님들은 늘 경제적으로 신체적으로 불운한 사람들이 사는 곳에 나를 데려갔다. 이들의 삶을 이해하고 이들을 도와야 한다는 생각을 자식인 나에게 가르쳐 주고 싶었기 때문이다.

필리핀인들이여, 당신들은 과연 조국을 위해 울어 본 적이 있는가?

나는 내 조국 한국을 위해 여러 차례 울어 본 적이 있다. 필리핀을 위해서도 여러 번 울었다.

언젠가 찾아 본 적이 있는 뉴 빌리비드(New Bilibid) 교도소에서 나를 진짜로 슬프게 한 것은 수형자들이 자신의 조국을 사랑하지 않는다는 사실이다. 수형자들은 미사에 참석하면서 봉사활동을 하고 있고, 매일 기도를 하고 있지만 조국인 필리핀을 사랑하고 있지는 않다는 사실을 알게 됐다. 면회한 두 명의 수감자들은 출옥하는 즉시 필리핀을 떠날 것이라고 버젓이 밝혔다.

대다수 한국인들은 이웃들과 함께 부를 나눌 수 있기 위해 여전히 그들의 조국을 사랑하고 있다. 한국에 있을 때 나는 강한 신념을 갖고 있었기에 신부가 되기를 꿈꾼 적도 있다. 그러나 필리핀에 왔을 때 이런 신념을 완전히 잃어버렸다. 매일 거리에서 얼굴을 맞대는 불쌍한 어린이들의 모습 등 믿을 수 없는 상황들 때문에 혼란스러웠다. 필리핀은 아시아에서 유일한 가톨릭국가이지만 불쌍한 사람들이 너무 많은 곳이기도 하다. 사람들은 매주 일요일 성당에 나가 기도를 하지만 변하는 것은 아무것도 없다.

신념은 반드시 행동을 수반해야 한다고 얼마 전 어머니께서 말씀하셨다. 어머니께서는 또 인간은 모두 평등하고 하나님의 자식인 만큼 필리핀인들을 사랑하라고 강조하셨다.

필리핀이 잘살기 위해서는 하나님을 사랑하는 것과 같이 이웃과 조국을 사랑하기를 바란다. 다른 사람들을 사랑한다면 하나님께서 행복해하실 것이라는 것을 여러분은 잘 알 것이다. 그러니 제발 이웃과 조국을 사랑하라. 자녀에게는 조국을 사랑하는 법을 가르치라.

누가 여러분의 조국 필리핀을 위해 울어 줄 것이라고 생각하는가? 누가 필리핀의 정신을 고양할 수 있을 것이며, 누가 그 이름을 상징하는 외로운 깃발을 간직한다고 생각하는가?

한국인인 우리도 가슴이 뭉클해지는 내용이고 보면, 이 글이 필리핀인들의 심금을 울렸다는 언론 보도는 충분히 수긍이 가고도 남습니다. 오늘날 우리에게 이런 청년이 건재하고 있다는 것이 얼마나 자랑스러운 일인지 모르겠습니다.

김재윤 군은 필리핀인들을 향해 물었습니다.

"필리핀인들이여, 당신들은 과연 조국을 위해 울어 본 적이 있는가?"

저는 오늘 이 시간 여러분에게 묻고 싶습니다.

"한국인들이여, 조국의 청년들이여, 여러분은 과연 조국을 위해 울어 본 적이 있습니까?"

김재윤 군처럼, 저 역시 조국을 위해 울어 본 적이 있습니다.

암스테르담에서의 '지리 수업'

1972년 초였습니다. 그때까지만 해도 필리핀이 동경의 대상일 정도로 우리나라가 가난하던 시절이었습니다. 당시 외국인회사에 근무하고 있던 저는 본사의 연수를 받기 위해 난생처음으로 출국, 네덜란드 암스테르담에서 30여 개국의 젊은이들과 함께 두 달 이상을 지냈습니다. 저를 슬프게 만든 것은 일본과 태국에서 온 청년을 제외하고는, 그 많은 백인 청년들 가운데 대한민국이란 나라를 아는 청년이 없었다는 사실입니다. 영국 청년도, 미국 청년도, 브라질 청년도 한국을 알지 못했습니다.

하루는 브라질 청년이 주머니 속 수첩을 꺼내어 지도가 인쇄된 페이지를 펴더니, 대체 한국이 어디 있느냐고 제게 물었습니다. 손가락으로 "여기"라고 가리키던 제가 깜짝 놀랐습니다. 새끼손톱보다 더 작은 한반도에 한국이란 이름은 아예 기재되어 있지도 않았습니다. 그 대신 한반도와 일본열도 사이에 'Japan'이라고 찍혀 있었습니다. 누가 보아도 그 지도상의 한반도는 일본이지 한국이 아니었습니다. 불과 30여 년 전 지구 반대쪽에서는 한국을 아는 사람도, 지도도 만나 보기 어려웠습니다.

연수 중 지리시간이 되었습니다. 한 청년이 강사에게 오늘은 '살아 있는 지리공부'를 하자고 제안했습니다. 강사가 그 말의 의미를 묻자 청년이 대답하였습니다. 이 자리에는 자신들이 전혀 알지 못하는 나라에서 온 두 청년이 있으므로, 그들을 통해 미지의 두 나라에 대해 배우자는 것이었습니다. 그 제안에 나머지 청년들이 박수로 환호했습니다. 미지의 세계에 대해 진지하게 알아보려는 탐구심이 있어서가 아니라, 단순히 따분한 지리시간을 재미있게 때우려는 속셈이었습니다.

그가 말한 미지의 두 나라란 아프리카 짐바브웨와 한국이었습니다. 강사는 짐바브웨 청년과 저의 동의를 구했고, 그 즉시 소위 살아 있는 지리공부가 시작되었습니다.

먼저 짐바브웨 청년이 온갖 질문의 집중포화를 맞았습니다. 너희 나라에 TV나 냉장고가 있느냐? 학교 교육은 제대로 이루어지고 있느냐? 하루 세 끼 밥은 먹을 수 있느냐? 너는 얼마나 운이 좋았으면 외국인회사에 취직하게 되었느냐? 거의 모든 질문이, 마치 동물원의 원숭이를 놀리는 듯한 내용이었습니다.

짐바브웨 청년은 자기 나라에 TV와 냉장고가 얼마나 많은지, 교육제도가 얼마나 우수한지 흥분한 표정과 목소리로 열변을 토했고, 그가 흥분할수록 백인 청년들은 더더욱 즐거워했습니다. 그러나 저는 전혀 즐거워할 수가 없었습니다. 잠시 후면 제가 그들의 놀림감이 될 것이 뻔했기 때문입니다. 뭔가 방도를 강구해야만 했습니다.

이윽고 제 차례가 되었습니다. 저는 강사의 양해를 구한 뒤, 청년들의 질문을 받기 전에 제가 먼저 한국에 대해 간략하게 설명했습니다.

"한국은 5,000년의 긴 역사를 갖고 있습니다. 유럽 어느 나라의 역사보다도 더 길지요. 신라, 고려, 조선의 역사는 각각 1,000년과 500년씩입니다. 유럽의 어느 왕조도 이렇게 오랫동안 지속된 경우는 없습니다. 오늘날 일본이 세계적으로 자랑하는 일본문화는 거의 모두 우리 선조들에 의해 전해진 것이며, 독일의 구텐베르크보다 우리가 먼저 금속활자를 사용했습니다. 제가 살고 있는 서울은 인구 600만 명에 도시의 길이와 폭이 각 30킬로미터의 대도시로, 이곳 암스테르담의 약 10배에 달하는 규모입니다. 이제 한국에 대해 질문하시죠."

처음에는 장난기 어린 표정으로 제 말을 듣던 청년들의 표정이 달라졌습니다. 그 누구도 너희 나라에 TV나 냉장고가 있느냐는 식의 질문을 하지 않았습니다. 저를 놀리려고 하는 청년도 없었습니다. 그들은 한국의 역사와 사회에 대해 진지하게 질문했고, 저는 설명할 수 있는 한 성의껏 대답했습니다.

정해진 시간이 끝났을 때, 그들은 '살아 있는 지리공부'를 할 수 있어서 감사하다며 제게 박수를 쳐 주었습니다. 그러나 저는 그 길로 호텔방에 들어가 울었습니다. 세상에 태어난 이래 처음으로 제가 태어난 조국, 대한민국을 위해 울었습니다. 지구 반대편에서 그 누구도 알아 주지 않고, 지도에 명기(銘記)조차 되어 있지 않는 조국의 왜소함이 너무나도 서글퍼서 울었습니다.

그러나 그럼에도 불구하고 짐바브웨 청년을 놀리듯 저와 제 조국을 놀리려던 백인 청년들 앞에서, 오히려 조국에 대해 한없는 긍지를 느꼈음이 저 스스로 감격스러워 울었습니다. 지구 반대쪽에서 미지의 세계에 지나지 않는 작고 힘없는 조국을 위해 무언가 보탬이 되어야 한다는 사명감으로 울었습니다.

제 나이 스물네 살이었던 그날 밤은 태어난 이래 대한민국이란 실체가 제 뇌리에 각인된 날인 동시에, 제 마음속에 애국심이 똬리를 틀기 시작한 날이었습니다.

파리에서 흘린 눈물

암스테르담에서 연수가 끝난 뒤 귀국길에 프랑스 파리에 들렀습니다. 그곳에 사는 한인들과 술을 마시며 환담을 나누는 자리에서였습니다. 술이 거나해지자 그분들이 말했습니다.

"파리의 개선문을 좀 봐. 얼마나 멋져? 그런데 우리나라 독립문은 그게 뭐야? 노트르담 대성당은 또 얼마나 웅장해? 우린 제일 크다는 게 고작 명동성당이야. 센 강변을 걸으면 그냥 시가 줄줄 나올 것 같잖아? 하지만 한강은 도무지 볼 게 있어야지. 대체 우리나라 것치고 뭐 하나 여기보다 나은 게 있어야지. 생각만 해도 얼굴이 화끈거려."

험담을 주고받던 그분들이 저를 쳐다보았습니다. 파리를 처음 방문한 네 생각은 어떠냐는 의미였습니다. 제가 조심스럽게 제 소감을 말씀드렸습니다.

"왜 파리의 개선문을 하필이면 독립문과 비교하십니까? 우리나라에는 개선문보다 300년 앞선 남대문과 동대문이 있지 않습니까? 경주의 불국사는 노트르담 대성당에 비해 400년이나 먼저 지어지지 않았습니까? 그러나 불국사에서부터 석굴암에 이르는 그 규모를 어떻게 노트르담 대성당이 따라갈 수 있겠습니까? 센 강변은 정말 아름답습니다. 거기에선 누구나 시인이 될 수 있습니다. 그런데 혹 한국에 계실 때 단 한 번이라도 한강변을 찾아가 걸으

197

며, 거기에서 떠오르는 시상을 즐겨 보신 적이 있으신지요? 황혼
녘 한강변에 앉아 한 번이라도 낙조에 물든 한강을 감상해 보신 적
이 있으신지요?"

그분들은 제 말을 반박하지 않았습니다. 저는 말은 그렇게 했지
만, 그러나 이미 그 시절에 조국을 등지고 이국땅에 정착할 수밖에
없었던 그분들에겐 조국에 대해 실망할 수밖에 없었던 이유가 분
명히 있었으리라 생각하며 숙소로 돌아왔습니다. 그리고 그날 밤
도 파리의 호텔방에 홀로 앉아 조국을 생각하며 울었습니다. 암스
테르담에서의 울음이 격한 흐느낌이었다면, 파리에서의 울음은 마
음속 깊은 데서부터 소리 없이 스며나는 울음이었습니다. 얼마나
가난하고 못났으면 자기 동족으로부터 버림받고 폄하당하는 조국,
그럼에도 죽을 때까지 사랑하지 않을 수 없는 조국, 아니 적극적으
로 사랑해야만 하는 조국을 위해 울었습니다.

한 번이라도 조국 위해 울어 본 자는

남아프리카공화국 최초로 세계적인 명성을 얻은 문학작품은
1948년에 출판된 앨런 페이튼(Alan Paton)의 소설 《울어라, 사랑
하는 조국이여》(Cry, The Beloved Country)였습니다. 억압과 착취
의 땅이었던 남아프리카공화국에서 태어나 평생 조국을 사랑한 흑

인 신부의 이야기를 다룬《울어라, 사랑하는 조국이여》는, 그 제목과 내용이 얼마나 저를 강렬하게 사로잡았던지, 30년 전 그 책을 읽은 이후 지금까지 조국이란 단어만 접해도 그 책이 연상될 정도입니다.

대체 조국이 무엇이기에 조국더러 울라는 것입니까? 두말할 것도 없이 앨런 페이튼이 말한 조국은 그 나라 속에 사는 국민들입니다. 그는 남아프리카공화국의 동족들을 향해 조국을 위해 울라고 촉구한 것이었습니다.

조국을 위해 울 수 있는 국민이 있는 나라는 칠흑 같은 암흑 속에서도 다시 일어납니다. 앨런 페이튼이 사랑하는 조국을 향해 울라고 외칠 때, 남아프리카공화국에는 당시 30세의 넬슨 만델라를 비롯하여 조국을 위해 울던 청년들이 수없이 많았습니다. 그리고 약 60년이 지난 지금, 아프리카에서 가장 절망적인 인종차별국가였던 남아프리카공화국은 어둠의 세월에 종지부를 찍고 아프리카의 새로운 희망으로 부상하였습니다.

사랑하는 조국을 위해 우는 자의 눈물은 헛되지 않습니다. 여기에서 눈물이란 월드컵 경기에서 한국 팀을 위해 목이 터져라 응원하고, 극적인 승리를 거두었을 때 "대한민국"을 연호하며 흘리는 순간적인 눈물, 자리를 뜨기도 전에 흔적도 없이 메말라 버리는 감상적인 눈물을 의미하지 않습니다. 단 한 번이라도 조국의 실체를 뼈저리게 느끼면서, 사랑하지 않을 수 없는 조국을 위해 뜨거운 눈

199

물을 흘리며 울어 본 자는 어떤 경우에도 조국에 해나 누를 끼치는 일을 하지 않습니다. 조국을 위해 울지 않을 수 없었다는 것 자체가, 당사자가 의식하든 못하든, 이미 그의 마음속에 애국심의 씨앗이 뿌려졌음을 의미하기 때문입니다.

애국심이란 흔히 오해하듯 거창한 것이 아닙니다. 태극기를 들고 광화문 네거리에서 소리치는 것이 아닙니다. 애국심이란 일상생활 속에서 모두를 위한 공익을 자신이 앞서 지키는 것입니다.

그래서 단 한 번만이라도 사랑하는 조국을 위해 울어 본 자는, 자신의 사익을 위해 공익을 해치지 않습니다. 단 한 번이라도 조국을 위해 울어 본 자는, 자신의 유익을 위해 모두의 법을 짓밟지 않습니다. 자신이 속한 이념단체가 아니라 단 한 번이라도 조국 자체를 위해 울어 본 자는, 권력의 자리에 앉았을 때 권력을 사유화하지 않습니다. 단 한 번이라도 조국을 위해 울어 본 자는, 공직을 치부의 수단으로 삼지 않습니다. 단 한 번이라도 조국을 위해 울어 본 자는, 자기욕망을 위해 전국토를 부동산 투기장으로 만들지 않습니다. 단 한 번이라도 조국을 위해 울어 본 자는, 남의 자식 수고로 국방의 안위를 누리면서도 자기 자식의 병역의무만은 피하려는 짓을 행치 않습니다. 단 한 번이라도 조국을 위해 울어 본 자는, 태어나지도 않은 자식에게 외국 국적을 안겨 주기 위해 원정출산을 꾀하지 않습니다. 단 한 번이라도 조국을 위해 울어 본 자는, 자신보다 사회에 더 크게 기여하는 자의 뒷덜미를 잡거나 까닭 없이 끌어내리지 않습니다. 단 한 번이라도 조국을 위해 울어 본 자는, 자신의 사회적 직위가 올라갈수록 그에 걸맞은 의무에 더욱 충실합니다. 단 한 번이라도 조국을 위해 울어 본 자는, 조국을 위한 희생의 고귀함과 헌신의 가치를 알고 실천합니다. 단 한 번이라도 조국을 위해 울어 본 자는, 조국을 사랑하는 것은 결국 그 속에서 살아갈 자신의 삶을 존중하는 것임을 압니다.

사랑하는 조국을 위해 우는 자의 눈물은 이처럼 결코 헛되지 않습니다. 그 눈물은 밝고 아름다운 조국을 가능케 하는 토양이 됩니다. 그러나 사랑하는 조국을 위한 울음이 그 자체로 끝나 버릴 경우, 그것은 핵폭탄만큼이나 위험할 수 있음을 잊어서는 안 됩니다.

2004년 8월 현재 UN 통계에 의하면 전 세계의 국가 수는 무려 253개국에 달하고 있습니다. 그 많은 국가의 국민들이 자기 조국만을 사랑하고 자기 조국만을 위해 눈물을 흘릴 때, 그 눈물은 필히 다른 나라와의 심각한 대립과 충돌을 야기하고 말 것입니다.

예루살렘에서 흘린 눈물

신약성경 누가복음 19장 41-42절은 다음과 같은 사실을 전해 주고 있습니다.

예수께서 예루살렘 가까이에 오셔서, 그 도시를 보시고, 눈물을 흘리시며, 이렇게 말씀하셨다. "오늘 네가 평화의 길을 알았더라면 얼마나 좋았겠느냐! 그러나 지금 너는 그 길을 보지 못하는구나."(표준새번역)

2,000년 전 이 땅에 오셨던 예수님께서도 당신의 조국을 위해 우셨습니다. 예루살렘 도성을 보시면서, 하나님께서 주신 참 평강의 길을 외면한 채 단지 욕망에 눈이 멀어 멸망의 길로 치닫고 있는 당신의 조국과 동족을 생각하며 눈물을 흘리신 것입니다.

예수 그리스도를 믿는다는 것은 결코 자신만 아는 이기주의자가 되는 것을 뜻하지 않습니다. 국가와 민족과는 무관한 개인주의자가 되는 것을 의미하지도 않습니다. 예수님처럼 조국을 위해, 동족을 위해 눈물 흘릴 줄 아는 자가 되는 것입니다. 한마디로 누구보다도 조국과 동족을 사랑하는 자가 되는 것입니다. 크리스천이란 천지를 창조하신 하나님께서 자신에게 주신 조국의 소중함과 의미를 누구보다 잘 아는 자이기 때문입니다. 생각해 보십시오. 그 많고 많은 나라들 가운데 하나님께서 우리를 한국인으로 태어나게 하셨다면, 어찌 그 속에 천지를 창조하신 전능하신 하나님의 섭리가 없을 수 있겠습니까? 그러나 간과치 말아야 할 것은 예수님의 조국을 위한 눈물은 그 자체로 끝나지 않았다는 사실입니다.

그로부터 닷새 후 예수님께서는 겟세마네 동산에서 다시 눈물을 흘리셨습니다. 이번에는 당신의 조국과 동족만이 아니라, 인류를 위하여 눈물을 흘리셨습니다. 그리고 그 직후, 죄와 사망의 구렁텅이로부터 온 인류를 구원하시기 위해 친히 십자가의 제물이 되셨습니다. 예수님의 조국 사랑은 그 자체가 종착역이 아니었습니다. 만약 그랬더라면 예수님은 2,000년 전, 한 유대 국수주의자 혹은 민족주의자에 지나지 않았을 것입니다. 예수님의 조국 사랑이 온 인류의 본이 되는 것은, 그분의 조국 사랑은 인류 사랑을 위한 시발점이었기 때문입니다.

이것이 중요합니다. 우리가 사랑하는 조국을 위해 단 한 번이라도 눈물 흘릴 줄 아는 자가 되어야 하는 것은, 조국을 위해 울어 본 자만 인류를 위해 울 수 있기 때문입니다. 조국을 위해 단 한 번도 울어 본 적이 없는 자가 어찌 인류의 아픔을 위해 울 수 있겠습니까? 조국을 사랑해 본 적이 없는 자가 어찌 세계와 인류를 사랑할 수 있겠습니까? 조국을 위해 자신을 희생해 본 적이 없는 자가 어찌 인류의 평화를 위한 밀알이 될 수 있겠습니까? 조국을 위해 운다는 것은 이렇듯 세계를 사랑하는 출발점이기에, 그것은 결국 그 속에서 살아갈 우리 자신의 평화를 위한 가장 아름다운 최선의 길입니다.

그러나 이것은 하나님을 믿을 때만 가능합니다. 하나님을 믿는 자만 나의 조국과 내 동족을 창조하신 하나님께서 다른 나라와 민족도 창조하셨음을 겸허하게 받아들일 수 있습니다. 그러므로 사

203

랑하는 조국을 위해 하나님 앞에서 우는 자의 눈물만, 예수 그리스
도의 눈물처럼 인류와 세계를 위한 눈물로 승화될 수 있습니다.

서두에 소개해 드린 김재윤 군의 글이 한국인인 우리와 필리핀
인 모두에게 감동적인 것은, 그가 하나님을 믿는 독실한 가톨릭신
자이기 때문입니다. 하나님을 믿는 그는 하나님 앞에서 사랑하는
조국 대한민국을 위해 하나님 앞에서 울어 본 자기에, 하나님께서
창조하신 필리핀인들을 위해서도 눈물을 흘리며 그들을 사랑할 수
있었습니다.

한국인에서 세계인으로

지난 8월 15일은 광복 60주년이라 하여 정부 주도로 여러 행사
가 있었습니다. 우리나라가 일제에 의해 강점당했던 기간은 정확
하게 34년 11개월 닷새입니다. 그리고 자유를 되찾은 지 벌써 반
세기보다 10년이 더 긴 60년이 지났습니다. 그런데도 우리의 시계
는 여전히 광복에 멈추어 있습니다. 이제야말로 우리 모두 광복의
좁은 우물을 벗어날 때입니다. 우리의 시야는 더 이상 광복절이 아
니라, '하나님께서 이 한반도에 우리 민족과 나라를 허락하신' 개
천절로 옮겨 가야 합니다. 그리고 4,338년 전 이 땅에 우리를 있게
하신 하나님의 말씀 안에서 우리의 조국과 세계를 동시에 사랑하

는 세계인이 되어야 합니다. 그러나 그것은 단 한 번만이라도, 사랑하는 조국을 위해 하나님 앞에서 우는 것으로부터 시작됩니다.

사랑하는 형제자매 여러분!

단 한 번이라도, 그 옛날 우리 조상들이 기상을 떨치던 만주를 잃고 간도를 잃고 백두산 반쪽을 잃고 그마나 한반도마저 두 동강 난 조국을 위해 하나님 앞에서 함께 우십시다. 휴전선 이북에서 우리와 같은 동족이 압제에 시달리고 기아로 죽어 가는 조국을 위해, 단 한 번이라도 울어 보십시다. 해방된 지 60년이 지났건만 여전히 과거의 이념에 얽매어 미래가 보이지 않는 조국을 위해, 단 한 번이라도 울어 보십시오. 소위 정치지도자란 사람들에 의해 국민통합은커녕 도리어 연령, 지역, 세대, 계층별로 온 국민이 갈가리 찢어지고 있는 조국을 위해, 단 한 번이라도 울어 보십시오. 젊은이 가운데 45.5퍼센트가 조국에서 전쟁이 터져도 입대하지 않겠다고 응답하는 이 서글픈 조국을 위해, 단 한 번이라도 울어 보십시오. 사회 전반에 걸쳐 정직과 투명성보다는 거짓과 불의가 횡행하는 조국을 위해, 단 한 번이라도 울어 보십시오. 거의 모든 자녀들이 이기적인 부모에 의해 이기적인 인간으로 성장하고 있는 조국의 미래를 위해, 단 한 번이라도 하나님을 향해 기도하며 하나님 앞에서 뜨거운 눈물을 흘려 보십시오.

그리고 그 눈물의 토양 위에서, 사랑하는 조국을 위해 지금 흘리고 치러야 할 땀과 수고를 아끼지 마십시다. 그때 우리를 한국인으로 이 땅에 태어나게 하신 전능하신 하나님의 뜻이 우리의 삶 속에, 대한민국의 역사 속에, 온 인류의 미래 속에 아름답게 펼쳐질 것입니다.

✣

주님, 당신의 조국을 위하여 우셨던 주님을 본받기를 원합니다. 사랑하는 조국을 위하여, 수많은 허물에도 불구하고 사랑할 수밖에 없는 조국을 위하여, 단 한 번이라도 애절한 심정으로 울 줄 아는 자가 되게 해 주십시오. 그 눈물의 토양 위에서 사랑하는 조국을 위해 지켜야 할 것을 지키며, 포기해야 할 것을 포기할 줄 아는 용기를 허락해 주십시오. 인류를 위해 눈물지으셨던 주님을 좇아 살기 원합니다. 조국을 위한 우리의 눈물이, 주님 안에서 인류를 향한 사랑의 시발점이 되게 해 주십시오. 우리의 작은 삶이 천지를 창조하신 하나님의 능력 속에서, 세계와 인류의 평화를 위한 밀알이 되게 해 주십시오. 그리하여 이 지구상 많고 많은 나라 가운데, 우리를 한국인으로 태어나게 하신 하나님의 뜻이 우리의 삶 속에, 대한민국과 인류의 역사 속에 아름답게 펼쳐지게 해 주십시오. 아멘.

보물섬

사람이 만일 온 천하를 얻고도 제 목숨을
잃으면 무엇이 유익하리요 사람이 무엇을 주고
제 목숨을 바꾸겠느냐 ●마태복음 16장 26절

《보물섬》이 베스트셀러가 된 이유

지난 한 세기 동안 전 세계 어린이들이 가장 즐겨 읽은 책 중의 하나로 《보물섬》이 꼽히고 있습니다. 어린 시절 그 책을 읽느라 밤잠을 설쳤을 분도 많을 것입니다.

주인공 소년 짐 호킨스는, 해적 플린트가 엄청난 양의 보물을 숨겨 둔 보물섬의 지도를 우연히 입수하게 됩니다. 호킨스는 의사 라이브지, 지주 트레로니, 그리고 스몰렛 선장과 함께 보물섬을 찾아나섭니다. 해적 플린트의 부하들 역시 자신들의 두목이 숨겨 둔 보물을 찾는 데 혈안이 되어 있었습니다. 공교롭게도 호킨스가 탄 배의 요리사가, 실은 플린트의 부하인 해적 실버였습니다. 그로 인해온갖 음모와 살인 등 갖가지 사건이 한데 뒤엉켜 숨가쁘게 전개되고 있는 《보물섬》은, 한번 손에 잡으면 끝까지 읽지 않고는 내려놓을 수가 없습니다. 《보물섬》은 영화로도 제작되어 수많은 사람들을 열광시켰고, 그동안 그와 유사한 내용의 책이나 영화가 얼마나많이 쏟아져 나왔는지는 셀 수조차 없습니다. 그런데 《보물섬》이

쓰인 동기와, 그 책이 일약 세계적인 베스트셀러가 된 과정이 재미 있습니다.

《보물섬》은 《지킬 박사와 하이드 씨》의 작가이기도 한 영국의 소설가 로버트 루이스 스티븐슨(Robert Louis Stevenson, 1850-1894)의 작품입니다. 1850년 스코틀랜드 에딘버러에서 태어난 스티븐슨은 26세가 되던 1876년, 남편과 별거 중이던 미국인 유부녀 오즈번과 사랑에 빠지게 됩니다. 스티븐슨은 부모의 만류에도 불구하고 2년 후 오즈번을 찾아 대서양을 건너 미국 캘리포니아로 갔습니다. 그리고 그의 나이 30세 되던 1880년에 남편과 합법적으로 이혼한 오즈번과 정식으로 부부가 되었고, 오즈번의 아들 로이드는 자연히 스티븐슨의 의붓아들이 되었습니다. 이듬해인 1881년 스티븐슨은 아내와 의붓아들을 데리고 미국에서 영국으로 돌아왔습니다. 그러나 갑자기 생활 환경이 바뀐 의붓아들 로이드는 영국 생활에 쉽게 적응하지 못했습니다. 이에 따라 순전히 의붓아들을 즐겁게 해 주기 위해 쓴 글이 바로 《보물섬》입니다.

스티븐슨은 1881년 10월부터 1882년 1월까지 그 원고를 '바다의 요리사'란 제목으로 어린이 잡지인 〈영 포크스〉(Young Folks)에 연재하였지만, 그 누구의 관심도 끌지 못했습니다. 한마디로 실패작이었습니다. 1년 후인 1883년, 스티븐슨은 그 원고의 제목을 '보물섬'으로 바꾸어 성인 독자를 위한 단행본으로 출간하였습니다. 그 즉시 《보물섬》은 베스트셀러가 되었고, 《보물섬》에 열광한 어른들에 의해 어린이들까지 그 책에 사로잡히게 되었습니다. 그리고 120년이 지난 지금은 전 세계 어린이들의 필독서로 자리매김하고 있습니다.

실패한 작품 《바다의 요리사》가 하루아침에 세계적인 베스트셀러로 각광을 받을 수 있었던 것은, 이미 짐작하고 계시겠지만, 그 작품의 제목을 '보물섬'으로 변경한 데 있었습니다. 만약 그 작품이 단행본으로 출간될 때에도 원래 제목인 '바다의 요리사' 그대로였다면, 결과는 처음처럼 참담했을 것입니다. 결국 사람들은 그 책의 내용에 끌리기 이전에 제목에 먼저 매료당한 셈이었습니다. '보물섬'이란 제목 때문에 어린이를 위해 쓰인 소설에 어른들이 열광한 것이었습니다.

이것은 대부분의 인간이 '보물섬'의 환상을 지니고 있음을 의미합니다. 뭔가 하루아침에 일확천금을 가능케 해 줄, 자기 나름의 '보물섬'에 사로잡혀 사는 것입니다. 특히 스티븐슨이 《보물섬》을 출간할 당시는, 미국에서 시작된 골드러시(Gold Rush)의 열풍이 대서양을 건너 유럽 대륙까지 들뜨게 하고 있었습니다. 골드러시란 19세기 미국 캘리포니아에서 대량의 금이 발견되면서 수많은 사람들이 물밀듯이 서부로 몰려간 것을 일컫는 말입니다. 이를테면 당시 미국 서부는 미국판 보물섬이었습니다.

제임스 마셜과 골드러시

1848년 1월 24일의 일이었습니다. 당시 캘리포니아 세크라멘토에 살던 젊은 목수 제임스 마셜이 한 물방앗간을 수리하다가, 방앗간 옆을 흐르는 개천 바닥의 모래가 금빛으로 빛나는 것을 보았습니다. 물속으로 들어가 자세히 살펴보니 개천 바닥이 온통 사금(砂金)이었습니다. 뜻밖의 '보물섬'을 발견한 마셜은 그 보물섬을 독차지하기 위해 비밀리에 그 인근 땅을 매입하려고 했습니다. 그러나 마셜과 함께 일하던 인부에 의해 비밀이 누설되었는데, 불과 수개월 만에 그 소문이 온 미국 대륙에 퍼지게 되었습니다. 당시는 전화가 발명되기 전이었고, 더욱이 미국 대륙의 크기는 남북한을 합친 면적의 40배가 넘습니다. 그런데도 단 몇 달 만에 보물섬의 소문이 온 미국 대륙을 뒤덮었으니, 보물섬의 위력을 능히 짐작할 만합니다. 그때부터 서부로 서부로 사람들이 물밀듯 몰려들기 시작했고 그 이듬해에 절정을 이루어, 서부로 향하는 달구지 마차의 행렬이 밤낮으로 이어졌습니다. 그 해가 1849년이었으므로 그들을 가리켜 49를 뜻하는 'Forty Niners'라 불렀는데, 우리말로 '노다지꾼'이란 의미였습니다.

울산대학교 정치외교학과 유종선 교수가 쓴 《한 권으로 보는 미국사 100장면》은 당시 그들의 행렬을 이렇게 소개하고 있습니다.

이들은 서부로 가는 마차 위에서 〈오, 수잔나〉라는 노래를 소리 높여 불렀다. "수잔나, 울지 말아요. 무릎에 세숫대야 달랑거리며 난 캘리포니아로 가오." 연인과 사랑하는 가족에게 캘리포니아에 가서 큰돈 벌어 올 테니 그때까지 울지 말고 기다려 달라는 내용이다. 세숫대야는 이들 노다지꾼들에게는 필수 장비였다. 그곳에서 나는 금은 사금이 대부분이었다. 금가루가 묻은 자갈이나 모래를 세숫대야에 담아 깨끗이 씻고 흔들어 금을 채집하는 것이었다.

보물섬의 환상을 좇아 세숫대야를 품고 서부로 몰려드는 사람들의 행렬을 머릿속으로 그려 보십시오. 한마디로 가관이지 않습니까? 그들의 수가 얼마나 많았는지 골드러시 이전 캘리포니아의 전 인구는 1만 5,000명에 불과하였으나, 골드러시 이후 1년 만에 인구가 10만 명으로 늘었고, 이듬해엔 20만 명에 이르렀습니다. 그래서 1851년에 캘리포니아는 미합중국의 한 주(州)로 승격되었는데, 미국 역사상 단 2년 만에 인구 증가로 인해 주로 승격된 곳은 캘리포니아가 오늘까지도 유일무이합니다.

그 이후 콜로라도, 네바다, 유타, 애리조나 등지로 확산된 미국 서부의 골드러시는 1800년대 말까지 지속되었습니다. 따라서 1878년 사랑하는 여인을 좇아 미국 캘리포니아를 찾아간 스티븐슨이 골드러시의 현장인 미국 서부 지역을 3년 동안이나 샅샅이 살펴본 뒤, 1881년 영국으로 돌아가자마자 의붓아들 로이드를 위해 《보물섬》을 집필한 것은 결코 우연이 아니었습니다. 미국판 보물섬인 골드러시가 그에게 《보물섬》의 영감을 안겨 준 것이었습니다.

그러나 보물섬을 찾아 서부로 향했던 그 많은 사람들 중 한탕을 누린 자는 극소수였고, 대부분은 알거지로 전락하였습니다. 게다가 미국 전역의 부랑아와 무법자들이 모여들어 사기, 절도, 강간, 살인이 난무하는, 문자 그대로 무법천지였습니다. 우리가 서부영화를 통해 접할 수 있는 온갖 혼란과 무질서 그리고 공포가 매일 반복되었습니다. 세숫대야를 품고 〈오, 수잔나〉를 부르며 보물섬을 찾아갔던 사람들 중 대다수가 그 무법천지에서 한을 품고 죽어갔을 것을 생각하면 측은함을 금할 수가 없습니다.

엘도라도의 망상, 미다스의 각성

미국의 골드러시가 시작되기 직전, 온 유럽은 '엘도라도'의 열병으로 홍역을 치렀습니다. 스페인어 '엘도라도'는 '황금가루를 칠한 사람'이란 뜻으로, 남아메리카 콜롬비아 보고타 북동쪽 구아타비타 호수 주변에 있던 인디언 마을의 전설적인 통치자를 가리키는 말입니다. 그는 축제 때가 되면 온몸에 황금 가루를 칠한 채

축제를 주관하였고, 축제가 끝난 뒤에는 구아타비타 호수에 들어가 황금가루를 씻었습니다. 그때를 맞추어 신하들은 온갖 보석과 황금으로 만들어진 물건들을 호수 속으로 던졌습니다. 그래서 그 호수의 바닥과 마을은 온통 황금으로 가득 차 있다는 것입니다.

16세기에 이 전설 같은 이야기가 유럽으로 전해진 뒤, '엘도라도'는 처음에는 '황금인간'을 가리키다가 나중에는 '황금마을'을 지칭하게 되었습니다. 이에 자극 받은, 스페인인을 필두로 한 유럽인이 대거 엘도라도를 찾아 남아메리카로 건너갔습니다. 그들의 행렬은 미국의 골드러시가 시작되기 직전인 18세기까지 이어졌지만, 모두 허탕을 치기는 매한가지였습니다. 누구도 엘도라도를 발견하지 못한 채, 시간과 물질만 낭비하고 말았습니다. 허망한 남아메리카판 《보물섬》 해프닝이었습니다.

이것이 어찌 16세기에서 19세기에 걸친 유럽인과 미국인만의 이야기겠습니까. 인류 역사 이래 인간은 저마다의 보물섬을 찾기 위해 인생을 낭비해 왔습니다. 오늘날이라고 예외인 것은 아닙니다. 20세기 말 공산주의의 몰락이 자본주의의 승리로 간주된 이래, 지금 전 세계는 경제 전쟁을 벌이고 있습니다. 돈이 인간의 최고 가치가 된 것입니다. 그래서 기업인이든 예술인이든, 나이가 들었든 젊었든, 여자든 남자든 상관없이, 저마다 자신의 보물섬을 찾아 헤매고 있습니다. 보물섬을 찾든, 혹은 찾는 데 실패하든, 보물섬을 인생의 목표로 삼는다는 것 자체가 단 한 번의 기회밖에 없는 인생을 자기 스스로 갉아먹는 어리석은 짓임을 전혀 깨닫지 못한 채, 마치 불을 향해 뛰어드는 불나방처럼 저마다 보물섬의 환상을 좇고 있습니다. 이런 관점에서 본다면 우리가 흔히 마이다스라 부르는, 2,700년 전의 미다스는 지혜로운 사람이라 할 수 있습니다.

미다스는 부유한 프리기아의 왕이었습니다. 어느 날 미다스의 부하들이, 술에 취한 채 길을 잃고 방황하는 노인을 미다스에게 끌고 왔습니다. 알고 보니 그 노인은 술의 신, 즉 디오니소스의 스승이자 양아버지인 실레노스였습니다. 미다스는 그 노인을 극진히 보살펴 주었습니다. 이 사실을 알게 된 디오니소스는 고마움의 표시로 미다스에게, 무슨 소원이든 원하는 대로 들어주겠다고 말했습니다. 미다스는 자신의 손에 닿는 것은 무엇이든 황금으로 변하게 해 달라고 부탁하였습니다. 디오니소스는 즉석에서 미다스의 소원을 들어주었습니다. 땅 위에 굴러다니던 돌, 정원에 피어 있는 꽃과 나무가 손을 대는 즉시 황금으로 변하자 미다스는 기쁨에 겨워 어쩔 줄을 몰라 했습니다.

하지만 왕궁으로 돌아가 식탁 앞에 앉았을 때, 미다스는 자기에게 주어진 황금의 손보다 더 큰 재난과 고통이 없음을 알았습니다. 빵이든 포도주든 과일이든 그의 손에 닿는 것은 무엇이든, 황금으로 변해서는 안 되는 것까지 모조리 황금으로 변해 버리는 것이었습니다. 배가 고파 견딜 수 없었지만, 빵 한 조각 물 한 모금조차 먹거나 마실 수 없었습니다. 그제야 미다스는 황금을 목적으로 삼는 것은 곧 자신의 생명을 갉아먹는 짓임을 뼈저리게 느꼈습니다.
일설에는 미다스가 사랑하는 딸을 안았을 때 딸마저 황금으로 변
해 버렸다고 하지 않습니까? 그때 미다스가 무엇을 깨달았겠습니
까? 황금을 목적으로 하는 삶은 모든 인간관계, 심지어는 부모 자
식 간의 관계도 끊어 놓는다는 것 아니겠습니까?

마침내 아사 직전에 이른 미다스는 디오니소스를 찾아가 그 재
난과 고통으로부터 구해 줄 것을 애원했습니다. 자비심 많은 디오
니소스는 미다스에게 팍타로스 강의 근원으로 가서 몸을 씻으라
했고, 미다스가 그곳을 찾아가 강물에 손을 넣는 즉시 모든 것을
황금으로 변하게 하는 능력이 씻겨 나갔습니다. 그 후 미다스는 부
와 영화를 버리고 시골로 낙향하여 죽을 때까지 자연과 더불어 살
았습니다.

이렇듯 더 이상 보물섬의 망상에 사로잡히지 않았던 미다스는,
보물섬의 망상을 좇느라 일생을 허비하는 사람들에 비하면 분명히
지혜로운 사람이라 할 만합니다. 그러나 그것은 어디까지나 보물
섬의 망상에 빠져 있는 사람과 비교한 결과일 뿐, 미다스가 진정한
의미에서 지혜로운 사람은 아닙니다. 진정 지혜로운 사람은 보물
섬의 망상에서 벗어나는 것에서 그치지 않고, 자기 자신이 이 세상
에서 가장 귀한 보물섬임을 아는 사람입니다.

보물섬은 가까이에 있다?

오늘도 저마다 보물섬의 신기루를 좇고 있는 우리를 향해 예수 그리스도께서 이렇게 말씀하고 계십니다.

> 사람이 만일 온 천하를 얻고도 제 목숨을 잃으면 무엇이 유익하리요 사람이 무엇을 주고 제 목숨을 바꾸겠느냐(마태복음 16장 26절)

그렇지 않습니까? 설령 보물섬을 찾아내어 산더미만 한 양의 보물을 캐내었다고 합시다. 아니, 온 천하라는 보물섬을 독식했다고 합시다. 그러나 그것이 어떻게 자신의 생명보다 더 귀할 수 있겠습니까? 단 한 번밖에 없는 생명보다 더 귀한 보물섬이 과연 이 세상 어디에 있을 수 있겠습니까? 이것을 아는 것이 지혜요, 그렇기에 자기 자신을 보물섬으로 가꾸는 자가 진정으로 지혜로운 사람입니다.

영등포구 신길동의 뒷골목 언덕배기에 위치한 '막내 회센터'는 아주 허름한 집입니다. 집 자체만을 보아서는 저런 집에 누가 생선회를 먹으러 갈까 싶을 정도로 볼품이 없습니다. 그러나 외관과는 달리 그 집은 매일 밤 문전성시를 이루고 있습니다. 비결은 그 횟집을 운영하고 있는, 올해 43세인 김춘기 사장의 마음가짐입니다.

그는 이틀에 한 번씩 강원도 양양군 남애항을 찾아가 자연산 활어를 직접 사옵니다. 남애항은 강원도 3대 미항 중의 하나로, 양양군에서는 가장 큰 1종 어항입니다. 밤에 서울을 출발한 그는 새벽에 남애항에 도착, 갓 잡아 온 각종 해물을 입찰 받는 즉시 서울로 되돌아옵니다. 싱싱한 자연산 해물을 고객들에게 제공하기 위해 이틀마다 밤을 새워 강원도를 다녀오는 것입니다. 그렇다고 비싼 가격을 받는 것은 전혀 아닙니다. 놀라울 정도로 싼 가격에 제공합니다. 만약 일기가 불순하든지 하여 강원도 현지에서 어선이 출어하지 않는 날은 아예 가게 문을 닫아 버립니다. 그래서 그 식당을 갈 때는 그날 문을 열었는지 사전에 반드시 확인해야 합니다. 이처럼 가장 싱싱한 자연산 해물을 가장 싼 가격으로 고객에게 봉사한다는 것이 김춘기 사장의 신념이다 보니, 그 횟집은 항상 사람들로 넘치고 있습니다.

제가 처음 지인을 따라 그 횟집을 찾아갔을 때도 식당은 만원이었습니다. 코스에 따라 나오는 해물은, 부산 출신인 제가 보기에도 싱싱하기 그지없었고, 생선의 선도(鮮度)와 질에 비해 가격은 턱없이 쌌습니다. 김춘기 사장에게, 이틀에 한 번씩 밤을 새우며 강원도 그 먼 길을 마다 않는 고생을 하면서도 정작 고객들에게 그토록 싼 가격을 받는 이유가 무엇인지 물었습니다. 그는 한 사람이라도 더 많은 사람이 자기 식당에 와서 행복해진다면 그것이 자신의 행복이라며 이런 말을 덧붙였습니다.

예전에 돈에 집착하며 일할 때는 만사가 어렵고 사람관계가
꼬이기만 했는데, 마음을 비우고 나니 사람들이 몰려들어
사람들에게 봉사하며 사는 것이 얼마나 행복한지 모르겠습
니다.

행복한 표정으로 이렇게 말하는 그의 모습이 제게는 마치 큰 도
인처럼 느껴졌습니다. 그가 마음을 비웠다는 것이 대체 무슨 의미
이겠습니까? 그 역시 예전에는 돈에 집착하던 사람이었습니다. 바
꾸어 말해 그도 보물섬의 환상을 좇던 사람이었습니다. 그런데 그
가 마음을 비웠습니다. 보물섬의 환상을 버린 것입니다. 그러자 그
의 주위에 사람들이 모여들기 시작했고, 그들을 위해 봉사하면서
그는 진정한 행복을 누리게 되었습니다. 자기도 모르게 바로 그 자
신이 보물섬이 된 것입니다. 사랑이란 보물을, 행복이란 보물을,
봉사란 보물을 마음껏 나누어 주는, 더 없이 넉넉한 보물섬이 된
것입니다.

제가 두 번째로 찾아갔을 때도 역시 식당은 만원이었고, 김춘기
사장 부부는 여전히 행복한 보물섬의 모습으로 고객들에게 봉사하
고 있었습니다. 허황한 보물섬의 환상을 좇던 사람이 어떻게 마음
을 비우고 저토록 아름다운 보물섬의 삶을 살 수 있게 되었을까?
김춘기 사장에게 그 동기를 물어보았더니 아니나 다를까, 그는 그
리스도인이었습니다. 그가 보물섬의 환상을 버리고 마음을 비울

수 있었던 동인(動因)은 믿음이었고, 믿음의 결과로 그 자신이 보물섬의 인생을 누리게 된 것이었습니다.

믿음을 갖는다는 것, 예수 그리스도를 믿는다는 것은 바로 이것입니다. 보물섬의 환상에 집착하던 마음을 비우고 자기 자신을 진리 안에서 보물섬으로 일구는 것입니다. 엘도라도 식의 보물섬에 집착하는 것은, 설령 보물섬을 송두리째 손안에 넣는다 한들 황금의 손을 지닌 미다스가 경험했던 것처럼, 자기 생명을 갉아먹고 혈육의 관계마저 단절하는 자해행위일 뿐입니다. 이 세상의 진정한 보물섬은 우리 자신입니다. 하나님의 말씀인 진리로 자신을 채우는 사람보다 더 아름답고 더 보배로운 보물섬은 없습니다. 그 사람은 자신이 만나는 모든 사람에게 천하를 주고도 바꿀 수 없는 생명이라는 보물을, 사랑이라는 보물을, 행복이라는 보물을 나누어 줄 수 있습니다.

시편 119편의 시인은 이렇게 노래하고 있습니다.

> 주님께서 나에게 친히 일러 주신 그 법이, 천만 금은보다 더 귀합니다.(시편 119편 72절 표준새번역)

세상의 보물섬을 좇던 시인이, 이 세상 그 어떤 보석보다 하나님의 말씀이 더 귀함을 깨달았습니다. 이 세상에서 가장 값진 보석일지라도 자신의 죽음 이후를 책임져 줄 수 없는데 반해, 영원하신 하나님의 말씀은 천하를 주고도 바꿀 수 없는 영원한 생명과 사랑임을 알았기 때문입니다. 죽음 이후에 나를 책임져 줄 수 없는 것이라면 그것이 무슨 보물이든 실은 길바닥의 돌멩이와 다를 바 없습니다. 나의 죽음 이후를 영원토록 책임져 주실 하나님의 생명과 하나님의 사랑, 그리고 하나님의 진리의 말씀만 참되고도 영원한 보물입니다. 그 보물로 자신을 채울 때, 어찌 그 자신이 온통 보물섬이 되지 않겠습니까? 그래서 시인의 노래는 이렇게 계속되고 있습니다.

> 많은 전리품을 들고 나오는 자들이 즐거워하듯이, 나는 주님의 말씀을 즐거워합니다.(시편 119편 162절 표준새번역)

이것은 이 시인에게만 국한된 이야기가 아닙니다. 천지를 창조하신 하나님의 창조의 말씀, 전능하신 하나님의 능력의 말씀, 영원하신 하나님의 생명의 말씀, 사랑 그 자체이신 하나님의 사랑의 말씀으로 자신을 채우기만 하면, 이 세상 누구든지 보물섬으로 살아갈 수 있습니다.

보물섬, 버림으로 이르는 역설

현재 아프리카에서 간질병 환자를 위해 헌신하고 있는 모 선교사님은 간질병 환자인 어머니에게서 태어났습니다. 그분의 어머니는 어릴 때부터 간질병으로 고통받던 분이어서, 평생 간질병 약을 복용해야 했습니다. 그 약이 얼마나 독한지, 선교사님이 태어날 무렵의 의사들은 간질병을 지닌 여성에게는 아이를 갖지 않도록 권했다고 합니다. 간질병 약을 복용하면서 아이를 가질 경우 십중 팔구 유산하거나 아니면 기형아를 낳을 확률이 높기 때문이었습니다.

선교사님의 어머니는 의사의 권고를 듣지 않고 여러 번이나 아이를 가졌다가 번번이 유산하는 아픔을 겪어야 했습니다. 그런데 선교사님만은 용케도 유산되지 않고 건강한 몸으로 이 세상에 태어났습니다. 그러나 어릴 때부터 심심찮게 발작으로 넘어지는 어머니를 보면서 선교사님은 간질병 환자의 자식으로 태어난 자신을, 그리고 자신을 낳은 어머니를 수도 없이 원망하였습니다. 성장하면서 예수 그리스도의 말씀 안에서 거듭난 그분은 신학교로 진학, 필요한 훈련 과정을 거친 뒤 아프리카에 선교사로 나갔습니다.

그가 발을 내디딘 중부 아프리카에는 유달리 간질병 환자가 많았습니다. 간질병은 선천적인 이유도 있지만, 후천적으로는 고열에 시달리는 과정에서 발병하기도 한답니다. 아프리카에는 말라리

223

아로 고통받는 사람이 많은데, 용케 살아나더라도 고열로 인해 간질병 환자가 되는 경우가 많다고 합니다. 비록 다른 대륙에 비해 아프리카의 간질병 환자 비율이 상대적으로 높다 해도, 만약 그 선교사님이 간질병 환자의 자식이 아니었다면 그 많은 아프리카인 중에 유독 간질병 환자만 그분의 눈에 띄었을 리가 없습니다.

이상하게도 선교사님에게는 그 간질병 환자들이 사랑스러워 보였습니다. 그분은 그곳의 간질병 환자를 위해 일평생 헌신할 것을 결심하고서야, 자신이 간질병 환자의 아들로 태어난 것이 아프리카 간질병 환자를 사랑하게 하시기 위한 하나님의 섭리임을 깨달았습니다. 간질병 환자로 태어난 것을 원망하던 그분이, 어느덧 자신도 모르게 생명과 사랑의 보물섬이 되어 있는 것이었습니다. 그 보물섬으로 인해 간질병으로 고통받는 아프리카인들이 생명과 사랑을 공급받는다는 것은 얼마나 보배로운 일입니까? 그 모든 일이 생명과 사랑이신 하나님의 말씀 속에서 이루어졌음은 두말할 나위도 없습니다.

사랑하는 형제자매 여러분!

더 이상 허망한 보물섬의 환상을 좇지 마십시오. 마음을 비우십시오. 하나님의 사랑과 생명의 말씀으로 여러분을 채우십시오. 섬의 풍광이 아름답다고 보물섬이 되는 것이 아닙니다. 아무리 볼품없는 돌섬이라도, 그 속에 보물이 파묻혀 있으면 바로 그 섬이 보물섬입니다. 여러분의 처지와 형편은 전혀 상관없습니다. 간질병 환자의 자식으로 태어났어도, 가난하거나 볼품없어도 아무 문제가 되지 않습니다.

여러분이 천하를 주고도 바꿀 수 없는 하나님의 생명을, 그 영원한 생명과 사랑의 말씀을 품고 살아가면, 여러분은 하나님 안에서 보물섬이 됩니다. 스티븐슨의 보물섬은 보물을 캐내는 것으로 더 이상 보물섬이 아니지만, 하나님 말씀 안에서 이루어진 보물섬은 생명과 사랑의 보물을 아무리 퍼주어도 변함없는 보물섬으로 존재합니다. 영원하신 하나님의 생명과 사랑엔 다함이 없기 때문입니다.

잊지 마십시오. 인간의 행복은 보물을 소유하는 데 있지 않습니다. 참된 행복은 진리 안에서 자신을 보물섬으로 일구는 존재의 변화에 있습니다.

✣

"사람이 만일 온 천하를 얻고도 제 목숨을 잃으면 무엇이 유익하리요 사람이 무엇을 주고 제 목숨을 바꾸겠느냐."

하나님! 나의 죽음 이후에 나를 책임져 줄 수 없는 것이라면, 이 세상에서 가장 값비싼 보석이라 해도 길바닥의 돌멩이와 다를 바가 전혀 없음을 깨닫게 해 주심을 감사드립니다. 이제 헛된 보물섬의 망상에 사로잡혀 있던 우리의 마음을 비웁니다. 천지를 창조하신 하나님의 생명으로, 전능하신 하나님의 사랑으로, 영원하신 하나님의 진리의 말씀으로 채워 주십시오. 나는 볼품없지만 내가 품고 있는 하나님의 영원한 생명과 사랑, 그리고 진리의 말씀으로 인해 나의 존재가 보물섬이 되게 해 주십시오. 그 보물을 뭇 사람에게 나누어 주어도 다함이 없는, 영원한 보물섬으로 살아가는 기쁨을 누리게 도와주십시오. 아멘.

10

삼국지

일의 결국을 다 들었으니 하나님을 경외하고
그 명령을 지킬지어다 이것이 사람의 본분이니라
하나님은 모든 행위와 모든 은밀한 일을 선악 간에
심판하시리라 ●전도서 12장 13~14절

귀천, 소풍의 종착역

2주 전 미국 뉴욕에서 지인을 만났습니다. 2003년 그분이 미국으로 이민 간 이후 처음 만난 얼굴은, 예전과는 비교할 수 없을 만큼 맑고 평안해 보였습니다. 그분을 보는 제 마음마저 까닭 없이 밝아질 정도였습니다. 그분은 근래 심장에 대수술을 받았다고 했습니다. 담당 의사들마저 수술 결과를 장담할 수 없을 정도로 상황은 절망적이었습니다. 수술일이 이 땅에서의 마지막 날이 될지도 몰랐지만, 그분의 마음엔 별 동요가 없었습니다.

수술 직전이었습니다. 천상병 시인의 시 〈귀천〉(歸天)을 생각하며 마음의 평안을 느꼈습니다. '죽음'을 의미하는 '귀천'(하늘로 되돌아감)이란 제목의 시에서 시인은 인생을 '소풍'에 비유하고 있습니다. 그래서 그분은 이렇게 기도드렸습니다.

하나님, 이 세상에 소풍 나왔다가 아름답고 즐거운 경험을 많이 하고 돌아갑니다. 한 남자를 만나 가정을 이루며 죽도록 사랑한 것을 비롯해서 모든 것이 감사한 일뿐이었습니다. 이제 기쁜 마음으로 돌아갑니다. 만약 수술 후에 이 땅에서 깨어나면, 예전보다 더 아름답게 살겠습니다.

수술 결과는 의사들도 놀랄 정도로 대성공이었습니다. 그분이 돌아가지 않고 이 땅에서 깨어난 것입니다. 이를테면 그분의 소풍 기간이 연장된 것입니다. 그분은 자신이 기도했던대로, 하나님께서 주신 추가인생을 더 아름답게 살기로 했습니다. 2년 전과는 비교할 수 없을 정도로 그분의 얼굴이 맑고 평안해 보이는 까닭이 거기에 있었습니다.

인생을 즐거운 소풍으로 받아들이고, 죽음을 하늘로 되돌아가는 것으로 간주하는 사생관(死生觀)은 얼마나 아름답고도 성숙한 인생관입니까? 그런 인생관을 지닌 자라면 이 세상에 살아 있는 동안 어찌 그의 인생이 맑고 밝지 않을 수 있겠습니까?

목전에 임박한 죽음과 대면했던 그분을 그 마지막 순간에, 모든 집착과 두려움 그리고 근심으로부터 그토록 자유하게 해 주었던 천상병 시인의 〈귀천〉은 다음과 같습니다.

나 하늘로 돌아가리라
새벽빛 와 닿으면 스러지는
이슬 더불어 손에 손을 잡고,

나 하늘로 돌아가리라

노을빛 함께 단둘이서

기슭에서 놀다가 구름 손짓하며는,

나 하늘로 돌아가리라

아름다운 이 세상 소풍 끝내는 날,

가서, 아름다웠더라고 말하리라……

　말할 수 없이 해맑으면서도 포근한 평안함과 더불어, 읊으면 읊을수록 삶과 죽음의 깊은 의미를 되새기게 해 주는 내용입니다. 일반적으로 사람들은 인생을 고해(苦海), 즉 고난의 바다라 부릅니다. 그러나 천상병 시인은 즐겁고도 아름다운 소풍이라 노래했습니다. 게다가 죽음은 항상 어둡고 암울한 분위기로 묘사됩니다. 하지만 그의 시에서는 죽음조차 밝고 정답기 그지없습니다. 그렇다고 천상병 시인이 살아생전 이 땅에서 마냥 즐겁고 행복한 삶을 살았던 것은 아니었습니다. 64년에 걸친 그의 삶을 단 한 번이라도 들여다본 사람이라면, 인생을 아름다운 소풍으로 노래한 그의 인생관에 고개를 숙이지 않을 수 없습니다.

고난의 바다에서 즐긴 소풍

1930년생인 천상병 시인은 마산중학교 5학년 때이던 1949년, 당시 담임선생님이었던 시인 김춘수 선생의 추천으로 〈문예〉지에 '강물'이란 제목의 시를 발표함으로써 시와 인연을 맺었습니다. 그 이후 서울대학교 상과대학을 거쳐 본격적인 시인의 길을 걷던 그는 38세가 되던 1967년, 엉뚱하게도 온 세상을 떠들썩하게 했던 '동백림사건'에 연루되었습니다. 당시 동베를린을 방문했었던 대학 친구로부터 평소 500원 혹은 1천 원씩 막걸리 값을 받아 쓴 것이 빌미가 되어 천상병 시인에게 간첩자금수수 등의 혐의가 적용된 것이었습니다. 중앙정보부로 끌려간 그는 그곳에서 심한 고문을 받았습니다.

그가 쓴 〈외할머니와 손잡고 걷던 바닷가〉란 글을 보면, 그때 그는 중앙정보부에서 세 번 전기고문을 받았는데, 그로 인해 자식을 가질 수 없게 되었을 뿐 아니라 일평생 그 후유증에 시달렸습니다. 그로부터 3년이 지난 1970년 겨울, 그의 종적이 세상에서 갑자기 사라져 버리고 말았습니다. 그를 아끼던 문우(文友)들은 그가 어디선가 객사하였다고 판단, 유고시집을 출간하여 그를 기렸습니다. 그것이 그의 이름으로 이 세상에 출간된 첫 번째 시집 《새》였습니다. 시집 발간 후 얼마 지나지 않아 그는 서울시립정신병원에서 발견되었습니다. 거리에 쓰러져 있던 그를 사람들이 행려병자로 오인하고 정신병원에 수용해 버린 것이었습니다.

1972년, 43세의 나이에 목순옥 여사와 결혼한 그는 오랜 유랑생활에 종지부를 찍고 정신적인 안정을 찾았습니다. 그러나 1993년 64세를 일기로 세상을 떠나 그의 표현대로 '귀천'할 때까지 그는 가난했고, 고문의 후유증과 지병인 간경화증으로 괴로움을 겪었습니다. 일반적인 관점에서 본다면 그의 일생이 고해와 같았다고 하는 편이 타당해 보일 정도입니다. 그런데도 그는 자신의 일생을 즐거운 소풍에 비유했고, "소풍이 끝나는 날 하늘로 돌아가 아름다웠더라고 말하리라" 노래했습니다. 그래서 그는 가난과 고문의 후유증과 지병 속에서도 행복했고, 자신을 괴롭혔던 모든 사람을 용서할 수 있었습니다. 이 세상을 거쳐 가고 있는 우리 모두 배워야 할 인생관이 아닐 수 없습니다.

어릴 적 소풍을 기억하십니까? 요즘 아이들은 집에서 컴퓨터로 온갖 게임을 즐길 수 있고 먹을 것도 넉넉합니다. 또 웬만한 명승지는 부모와 함께 다녀오기도 합니다. 그래서 소풍에 대한 기대감이나 만족감이 예전에 비해 현저하게 낮습니다. 하지만 모든 것이 척박하기만 했던 지난날, 어린이들은 소풍이란 말만 들어도 며칠씩 밤잠을 설치곤 했습니다.

소풍날이면 어머니가 정성스럽게 싸 주시는 김밥은 말할 것도 없고 미제 초콜릿까지 먹을 수 있었습니다. 게다가 집을 나설 때 어머니가 주머니에 넣어 주시는 동전 몇 닢은 또 얼마나 크게만 느껴지던지요. 아니, 미제 초콜릿이나 용돈이 없어도 전혀 상관없었습니다. 매일 좁은 동네에만 갇혀 살던 아이들에게 소풍날은 더 없이 넓은 천지를 만끽하는 해방의 날이었습니다. 그래서 소풍은 언제나 즐겁고도 아름다운 추억으로 우리의 마음에 새겨져 있습니다.

1930년생인 천상병 시인에게도 소풍은 이렇듯 가슴 설레는 사건이었고, 그는 시 〈귀천〉에서 이런 의미로 인생을 소풍이라 표현했습니다. 그에게는 지닌 것이 없었고, 육체적으로는 병약했고, 더욱이 자식마저 낳을 수 없는 불완전한 몸이었지만, 그가 누구보다도 행복했던 것은 그에게 인생은 즐겁고도 아름다운, 가슴 설레는 소풍이었기 때문입니다.

누구든 소유보다 존재의 귀함을 깨달은 자라면, 인생은 이렇듯 아름다운 소풍이 됩니다. 존재의 가치를 터득한 자에게 인생은 언제나 즐거운 소풍입니다. 존재의 크기와 무게를 측량할 줄 아는 자의 인생은 나이에 상관없이 가슴 설레는 소풍입니다. 비록 주머니가 비었거나 병약하다 해도 문제될 것은 없습니다. 인생은 항상 사랑하는 사람들과 더불어 이 넓고 넓은 세상을 주유(周遊)하는 밤잠 설치는 소풍입니다.

그런데 이 멋진 소풍길에서 만약 남의 배낭에 든 것을 탐하거나, 온갖 방법을 다해 서로 괴롭히거나, 그것도 모자라 집단으로 패싸움이나 일삼는다면 그보다 더 한심한 일이 어디에 있겠습니까?

삼국지 열풍과 삼국지식 세계관

1988년 소설가 이문열 씨가 펴낸《평역 삼국지》가 그동안 무려 1,500만 부 이상 팔린 것으로 알려지고 있습니다. 2005년 6월 말 우리나라 인구가 4,800만 명으로 집계되었습니다. 따라서 1,500만 부라면 두 명 걸러 한 명 꼴로 이문열 씨의 삼국지를 가지고 있는 셈입니다. 실로 엄청난 판매부수입니다.

이후 2000년에 김구용 교수의《삼국지 개정본》이 출판되었고, 2001년에는 소설가 조성기 씨의《정역 삼국지》, 2003년에는 황석영 씨의《삼국지》, 그리고 2004년에 장정일 씨의《삼국지》가 차례로 출간되어 '삼국지 전쟁'이 시작되었습니다. 교보문고에 의하면 현재 우리나라에는 총 70종의《삼국지》가 출판되어 있으며, 그 중에 33종이 어린이용이고 나머지 37종은 성인용이라고 합니다. 그 모든《삼국지》들이 전국적으로 얼마나 팔렸는지는 집계하는 것조차 불가능하다고 합니다. 문자 그대로 '삼국지 전국시대'입니다.

물론 이문열 삼국지 이전에도 여러 삼국지 번역본들이 있었지만 그 시장 규모는 지금과는 비교도 되지 않을 만큼 작았습니다. 그러다가 갑자기 이문열의 삼국지 이후 삼국지 열풍이 불기 시작한 것은, 삼국지가 대학입시 논술에 도움이 된다는 소문 때문이었습니다. 그로 인해 입시생들을 중심으로 시작된 삼국지 열풍이 전 세대로 확산되어, 마치 전 국민의 필독서인 것처럼 간주되면서 근 20

년 동안 우리 국민에게 지대한 영향을 미쳤습니다. 그러나 실제로 삼국지가 입시생들의 논리적 사고와 표현에 도움이 되는지, 더욱이 그 책이 전 국민의 필독서로 여겨질 만큼 명작인지에 대해서는 부정적인 견해가 많습니다.

우리가 '삼국지'라고 부르는 것은 잘 아시다시피, 중국 장편역사소설인 나관중의 '삼국지연의'(三國志演義)를 일컫습니다. 중국 명나라의 나관중은 1,800년 전 서진시대의 진수(陳壽)가 쓴 역사서 '삼국지'의 내용에 허구를 가미하여 소설 '삼국지연의'를 썼습니다. 후한 말부터 위나라, 촉나라, 오나라의 삼국시대를 거쳐 진나라에 의한 천하통일에 이르기까지의 역사를 다룬 이 소설은 유비, 관우, 장비, 제갈공명과 같은 영웅호걸들의 호쾌한 이야기로 독자들을 사로잡고 있습니다.

그러나 단순히 읽는 흥미를 제외하고 나면, 논리적 도움이나 존재적 유익을 얻기에는 미흡한 책입니다. 처음부터 끝까지 냉혹한 약육강식의 법칙에 의거하여, 자신의 목적을 위해 수단과 방법을 가리지 않는 권모술수로 가득 차 있기 때문입니다. 그 속에 언급된 '지략'이란 상대를 속이는 속임수에 지나지 않습니다. 따라서 그 소설이 이기적인 인간을 위한 처세술에는 도움이 될지 모르지만, 더불어 살아가는 논리와 존재의 성숙을 가능케 해 줄 입시생의 필독서나 전 국민이 읽어야 할 명작일 수는 없습니다. 그 속에 등장하는 인물들은 누구 한 명 예외 없이, 천상병 시인의 관점에서 본다면, 즐겁고 아름다워야 할 소풍길에서 일평생 집단 패싸움만 하다 간 어리석은 자들일 뿐입니다.

근래 우리 사회는 유례없는 갈등과 대립의 진통을 겪고 있습니다. 여야 간에, 좌우 진영 간에 주고받는 막말공방을 보면 가슴이 섬뜩할 정도입니다. 손에 무기만 들지 않았을 뿐, 밤이나 낮이나 집단 패싸움을 벌이는 형국입니다. 동서남북 어디를 둘러보아도 약육강식의 논리로 상대를 제압하려는 전략과 권모술수만 있을 뿐, 더불어 살기 위한 자기희생이나 헌신은 보이지 않습니다. 1949년생인 제가 태어나 철이 든 이래, 바꾸어 말해 사회를 바라보는 저 나름의 주관이 확립된 이후, 우리 사회가 지금처럼 편이 갈려 막말로 집단 패싸움에 영일(寧日)이 없는 것은 처음 보는 일입니다. 거기에는 여러 가지 이유가 있겠지만, 그 주요 이유 중의 하나가 근 20년 동안 우리 국민의 사고와 정서에 지대한 영향을 미친 삼국지 열풍임을 부인키는 어려울 것입니다. 자신의 목적 성취를 위해 수단과 방법을 가리지 않는 삼국지식(式) 사고와 처세가 우리도 모르게 우리 사회에 만연해 있는 것입니다.

2년 전 삼국지를 펴낸 소설가 황석영 씨는, "삼국지를 읽는 맛은 가슴이 썰렁해지도록 밀려오는, 사람의 일생이 덧없다는 회한"이라고 밝혔습니다. 얼마나 적절한 표현인지요? 약육강식의 논리에 사로잡힌 소풍길의 결과가 덧없음 이외에 달리 무엇이 있겠습니까? 권모술수에 의한 집단 패싸움의 최후가 회한 말고 또 무엇이 남겠습니까? 천상병 시인의 행복했던 귀천에 비한다면 너무나도 허망한 결말이지 않습니까? 그렇다면 우리는 더 이상 삼국지의 망령에 사로잡혀 있을 수 없습니다. 하루속히 삼국지식 사고 논리에서 벗어나야 합니다.

새로운 삼국지

성경에도 삼국지가 있습니다. 구약성경 열왕기 등에 나타난 제왕들의 이야기입니다. 배신, 역모, 쿠데타, 권모술수, 살인, 약탈, 전쟁 등 중국의 삼국지와 외형상으로는 다를 바가 전혀 없습니다. 그러나 성경의 삼국지에는 분명한 하나의 원칙이 있습니다. 심은 대로 거둔다는 것입니다.

이스라엘 초대 왕은 사울이었습니다. 그가 왕이 된 것은 그에게 능력이 있어서가 아니라, 하나님께서 그를 왕으로 세우셨기 때문입니다. 그러나 그는 하나님으로부터 부여받은 신성한 권력의 청지기가 되기를 거부하였습니다. 하나님께서 위탁해 주신 권력으로 백성을 위한 봉사자가 되기는커녕, 오히려 권력의 노예가 되어 자신의 욕망을 위해 수많은 사람을 해쳤습니다. 그 결과 그가 그토록 신봉했던, 권력의 상징이었던 자신의 전 군대와 세 아들이 한날한시에 자기 눈앞에서 전멸하는 것을 목격해야만 했고, 그 역시 그

멸망의 현장에서 스스로 목숨을 끊어야만 했습니다. 심은 대로 거둔 것입니다.

베들레헴의 양치기였던 다윗도 하나님의 선택으로 이스라엘의 2대 왕이 되었습니다. 처음에는 권력의 청지기 역할을 겸손하게 수행하였지만, 인생의 절정기에서 그 또한 권력에 눈이 멀고 말았습니다. 전쟁에 출전한 자기 충복의 아내를 침실로 불러 하룻밤 욕정의 대상으로 삼았고, 나중에는 그 여인의 남편인 자신의 충복을 아예 살해해 버리고 말았습니다. 이미 권력의 화신이 된 그에게, 자기 이외의 인간은 단지 자신의 욕정을 위한 도구에 지나지 않았습니다. 그 일이 있은 후 다윗의 장남 암논이 역시 다윗의 딸이자 자신의 이복누이인 다말을 강간하였고, 이에 앙심을 품은 다말의 동복오라비 압살롬이 이복형 암논을 살해해 버렸습니다. 그리고 내친 김에 아버지의 목에 칼을 겨누고 쿠데타까지 감행하였습니다. 다윗 또한 그가 심은 대로 거둔 것입니다.

세 번째 왕이었던 솔로몬도 하나님에 의해 왕위에 올랐습니다. 그는 하나님의 은총 속에서 지혜의 왕으로, 부귀영화의 상징으로 불렸습니다. 그러나 그 역시 인생 최전성기에 권력의 청지기란 사실을 망각하고 말았습니다. 도를 넘는 사치에 처첩을 1,000명이나 거느릴 만큼 도덕적으로나 신앙적으로나 패륜아의 삶을 살았습니다. 그때부터 그는 내우외환에 시달렸습니다. 주변 국가들이 침공하기 시작했고 믿었던 신하가 그를 배신했습니다. 절대권력자에게 그보다 더 견디기 힘든 고통은 없을 것입니다. 그가 세상을 떠나자 그의 왕국은 남북으로 분단, 이후 무려 210년 동안이나 민족 간에 집단 패싸움이 계속되었습니다. 솔로몬도 어김없이 심은 대로 거두었습니다.

인생 말년에 자신의 잘못을 통감한 솔로몬이 쓴 글이 구약성경의 전도서입니다. 그는 "헛되고 헛되며 헛되고 헛되니 모든 것이 헛되도다"라는 탄식으로 전도서를 시작하고 있습니다. 자기욕망의 노예로 살던 삶이 얼마나 허무하였으면 헛되다는 말을 무려 다섯 번이나 반복하였겠습니까? 소설가 황석영 씨가 "가슴이 썰렁해지도록 밀려오는, 사람의 일생이 덧없다는 회한"이라고 삼국지를 결론지은 것과 똑같습니다. 아름답고 즐거워야 할 소풍길을 오직 욕망의 노예가 되어 약육강식의 추한 삶으로 더럽혔으니, 어찌 그 인생의 결국이 헛되고 헛되며 헛되고도 헛되지 않겠습니까? 여기에서 모든 것이 끝나 버렸다면 나관중의 삼국지와 성경의 삼국지는 똑같을 수밖에 없습니다.

그러나 솔로몬의 전도서는 다음과 같이 끝을 맺고 있습니다.

일의 결국을 다 들었으니 하나님을 경외하고 그 명령을 지킬지어다 이것이 사람의 본분이니라 하나님은 모든 행위와 모든 은밀한 일을 선악 간에 심판하시리라(전도서 12장 13-14절)

나관중의 삼국지는 사람의 이야기로 시작하여 사람의 이야기로 끝나 버렸습니다. 그래서 공동묘지에서 한줌의 흙으로 사라져 버린 인간의 이야기로부터 회한 이외의 것을 찾아볼 수 없습니다. 그러나 성경 삼국지의 주인공 중 한 명이었던 솔로몬의 전도서는 사람의 이야기에서 시작하여 하나님의 이야기로 끝을 맺었습니다. 그는 인생의 헛됨을 다 들었으니, 하나님을 경외하고 그분의 명령을 좇아 살 것을 권하고 있습니다. 이유인즉 하나님께서는 인간의 모든 행위, 심지어 은밀한 일까지도 심판하는 분이시기 때문이라고 했습니다. 하나님을 경외해야 할 까닭은 그분께서 심판자시기 때문입니다.

그렇다면 하나님의 심판이 인간의 삶 속에서 구체적으로 어떤 형태로 나타나겠습니까? 그것은 심은 대로 거두게 하시는 것입니다. 심은 대로 거두게 하시는 것보다 더 무서운 심판도, 이보다 더 희망적인 소망도 없습니다. 약육강식의 욕망을 심는 자는 결국 인생의 허무와 회한만을 거두게 될 것이요, 영원한 진리를 심는 자의 인생은 반드시 즐겁고도 아름다운 소풍으로 거두어질 것입니다. 이것이 절대자이신 하나님의 심판입니다.

삼국지 vs 귀천

열흘 전에 캐나다에 살고 있는 분으로부터 메일을 받았습니다. 그분은 작년에 큰 사기를 당한 일이 있었습니다. 모르는 사람에게 라면 모르되, 평소 너무나도 잘 알던 사람에게 당한 사기였습니다. 평소 절친하던 지인의 권유로 그의 가게를 인수했습니다. 하루 매상이 얼마에 이익이 얼마이니, 그에 상응하는 권리금을 내라는 그의 말을 100퍼센트 믿고 그가 요구하는 금액을 치렀습니다.

그러나 그에게 속았다는 것을 아는 데는 불과 며칠이 걸리지 않았습니다. 하루 매상이 얼마 오른다던 말은 새빨간 거짓말이었습니다. 첫 달부터 현상유지도 되지 않았습니다. 한마디로 망하기 직전의 가게를 엄청난 가격에 바가지를 씌운 것이었습니다. 견딜 수 없는 배신감으로 인해 그분은 근 1년 동안 가슴앓이를 했습니다. 이역만리에서 평소 잘 알던 동족에게 사기를 당했다는 것은 생각보다 훨씬 고통스러운 일이었습니다. 자신이 당한 것과 똑같은 방법으로 제3자에게 가게를 매도하여, 그동안 입었던 막대한 금전적 손실을 메울까 하는 생각도 해 보았습니다. 그러나 하나님을 믿는 그리스도인으로서 할 수 있는 일이 아니었습니다. 헐값에라도 팔까 하는 생각도 해 보았지만, 매달 적자가 나는 상황에서는 그것도 고려의 대상이 아니었습니다.

결국 그분은 그동안 입은 금전손실을 깨끗이 포기하고 조용히 가게 문을 닫았습니다. 자기 살겠다고 누구에겐가 금전적 심적 아픔을 전가하느니, 차라리 자기 혼자 고통을 감수하는 것으로 끝내는 것이 좋겠다는 생각에서였습니다. 그분이 그런 결정을 내릴 수 있었던 힘은 오직 하나님을 향한 믿음이었습니다. 그로 인한 물질적 어려움은 말할 수 없이 컸지만, 이상하게도 마음은 평안했습니다. 그리고 자신에게 사기를 쳤던 전 주인보다는 자신이 훨씬 행복하다는 생각이 들었습니다.

어느 날 장을 보러 나갔다가 우연히 전 주인을 마주쳤습니다. 자신은 전 주인을 웃음으로 맞았지만, 전 주인은 차마 자신의 얼굴을 제대로 쳐다보지도 못한 채 비굴한 표정으로 인사를 하는 둥 마는 둥 슬그머니 도망가 버리고 말았습니다. 그때 그분은 참으로 귀한 사실을 깨달았습니다. 진정한 행복은 언제 어디서든 누구에게나 웃어 줄 수 있고, 오두막일망정 두 다리를 뻗고 평안한 마음으로 잠잘 수 있는 것이란 깨달음이었습니다.

삼국지 관점에서 본다면 자신의 목적을 위해 수단과 방법을 가리지 않고 남의 돈을 가로챈 자가 승자처럼 보일 수도 있습니다. 그러나 그로 인해 그가 좁은 이민사회에서 얼마나 불안한 밤들을 보냈겠습니까? 더욱이 자신이 사기 친 대상을 쳐다보지도 못한 채 비굴한 모습을 보이며 꽁무니를 뺄 때 자괴심은 또 얼마나 컸겠습니까? 그것은 모두 그가 심은 대로 거둔 것이었습니다. 앞으로 바르고 참된 것을 심지 않는 한, 그의 인생길은 결국 한탄과 회한으

243

로 끝나고 말 것입니다. 반면에 금전적 손실과 심적 아픔을 신앙으로 감내했던 분은 도리어 행복과 평안을 얻었습니다. 누구 앞에서든 떳떳하고 자유로울 수 있으며, 밤마다 두 다리를 뻗고 편히 잠들 수 있습니다. 그것 역시 그분이 심은 대로 거둔 것입니다. 두 사람에 대한 하나님의 심판은 이처럼 각각 심은 대로 거두게 하시는 것으로 나타났습니다.

그래서 나관중의 삼국지만으로는 안 됩니다. 우리는 모두 인간의 역사를 주관하시는 하나님을 우러러 뵈어야 합니다. 심은 대로 거두게 하시는 하나님의 심판을 믿어야 합니다. 그때에만 우리의 인생길은 즐겁고도 아름다운 소풍길일 수 있고, 세상을 떠나는 날 후회 없이 귀천할 수 있습니다.

　　나 하늘로 돌아가리라
　　새벽빛 와 닿으면 스러지는
　　이슬 더불어 손에 손을 잡고,

　　나 하늘로 돌아가리라
　　노을빛 함께 단둘이서
　　기슭에서 놀다가 구름 손짓하며는,

　　나 하늘로 돌아가리라

아름다운 이 세상 소풍 끝내는 날,

가서, 아름다웠더라고 말하리라……

　일평생 가난했고, 고문의 후유증과 지병에 시달린 천상병 시인이 나관중의 삼국지식 사고에 젖어 있었더라면, 이처럼 아름다운 시도 쓰지 못했을 것이고, 그 악조건 속에서 자신의 인생을 즐거운 소풍처럼 누리지도 못했을 것입니다. 그는 이 시를 쓴 배경을 묻는 질문에 대해, 가톨릭신자인 자신의 독실한 신앙심을 노래한 것이라고 밝혔습니다. 얼마나 아름다운 신앙심인지 모르겠습니다. 그 역시 심은 대로 거둔 것입니다. 하나님을 믿었기에 영원한 가치를 심었고, 심은 대로 아름다운 소풍길의 행복과 평안을 거두었습니다. 삼국지의 그 어떤 영웅호걸보다 천상병 시인이 더 큰 위인으로 보이는 것은, 그는 정말 큰 것이 무엇인지 밝히 아는 사람이었기 때문입니다.

　여러분은 지금 무엇을 심고 있습니까? 잊지 마십시오. 여러분이 언젠가 거두게 될 것은 지금 심고 있는 것, 바로 그 열매입니다. 심은 대로 거둔다는 것보다 더 무서운 심판도 없고, 심은 대로 거둔다는 것보다 더 큰 소망도 없습니다.

❖

"나 하늘로 돌아가리라. 아름다운 이 세상 소풍 끝내는 날, 가서, 아름다웠더라고 말하리라……." 하나님! 이것이 우리의 신앙고백이 되게 해 주십시오. 영원을 심고 참된 행복과 평안, 그리고 영원한 생명을 거두게 해 주십시오. 인생길에서 만나는 모든 이와 더불어 우리의 인생이 즐겁고도 아름다운 소풍이 되게 해 주십시오. 아멘.

11 낙엽

천하에 범사가 기한이 있고 모든 목적이
이룰 때가 있나니 날 때가 있고 죽을 때가 있으며
심을 때가 있고 심은 것을 뽑을 때가 있으며……
●전도서 3장 1-3절

낙엽의 이미지

우리는 지금 가을의 끝자락에 처해 있습니다. 이 시기는 낙엽의 계절입니다. 곧장 떨어지는 낙엽, 바람에 흩날리는 낙엽, 수북하게 쌓여 있는 낙엽, 이리저리 나뒹구는 낙엽 등 우리 주위 어디서나 낙엽을 볼 수 있습니다. 낙엽을 보면 언제나 생각나는 명시(名詩)가 있습니다. 프랑스의 시인 레미 드 구르몽(Remy De Gourmont)의 〈낙엽〉입니다.

시몬느, 우리 함께 숲으로 가자구나, 나뭇잎 져버린 그곳으로.
이끼와 돌 그리고 오솔길을 온통 낙엽이 뒤덮고 있는 그곳으로.

시몬느, 너는 좋아하니? 낙엽 밟는 소리를.

그리도 은은한 빛깔에 나지막한 음색을 지닌 낙엽들이,
참으로 가련한 낙오자가 되어 대지를 덮고 있구나!

시몬느, 너는 좋아하니? 낙엽 밟는 소리를.

황혼이 물들 때면 낙엽은 너무나도 구슬픈 형색이고,
바람이 마구 휘저어도 낙엽은 큰 소리로 울지도 못한다!

시몬느, 너는 좋아하니? 낙엽 밟는 소리를.

발에 밟혀 으깨어져도 그저 영혼처럼 흐느끼고,
날갯짓 소리나 여자 드레스자락 소리를 낼 뿐이다.

시몬느, 너는 좋아하니? 낙엽 밟는 소리를.

이리 와다오, 우리도 머잖아 가여운 낙엽이 되리니.
이리 와다오, 벌써 밤이 닥치고 바람이 우리를 쓸어가누나.

시몬느, 너는 좋아하니? 낙엽 밟는 소리를.

이 시를 지은 구르몽은 1858년 프랑스 노르망디의 명문 귀족집

안에서 태어났습니다. 그러나 어린 시절 천연두로 인해 얼굴이 얽어 버려, 자연히 남 앞에 나서기를 꺼려하게 되었습니다. 대학에서 법률을 전공한 뒤, 23세 때에 파리 국립도서관의 사서가 되었습니다. 사서는 남 앞에 나서지 않고서도 일하기에 안성맞춤인 직업이었기 때문입니다. 그러나 33살이 되던 해 〈메르퀴르 드 프랑스〉(*Mercure de France*)란 잡지에 비애국적인 글을 발표했다는 이유로 사서직에서 파면당했습니다. 그 이후 그는 문학 활동에 전념했는데, 〈낙엽〉은 해고 당한 지 1년 만인 그의 나이 34세 때에 출간한 시집 《라 시몬느》(*La Simone*)에 수록된 시입니다.

외모에 대한 콤플렉스로 인해 자신의 행동 반경을 서재에 국한할 수밖에 없었던 사람답게, 구르몽은 이 시에서 시몬느라는 가상의 여인과 대비하여 낙엽을 슬픔, 낙오, 절망, 실패, 죽음과 같은 부정적인 이미지로 그리고 있습니다. 그러나 이것이 비단 구르몽만의 낙엽관이 아닌 것은, 이 시가 우리나라를 포함하여 전 세계인의 사랑을 받고 있다는 사실로 확인할 수 있습니다. 동서양을 막론하고 대부분의 사람들이 낙엽에 대하여 구르몽과 같은 견해를 지니고 있는 것입니다.

우리나라 원로시인 조병화 선생의 〈낙엽〉도 이와 다르지 않습니다.

세월의 패잔병처럼

보도 위에 낙엽이 깔려 뒹굴고 있습니다.
나는 낙엽을 밟기가 안쓰러워
조심조심 길을 걷고 있습니다.
낙엽은 나를 보고 말을 하고 있습니다.
me today you tomorrow
바람이 불고 있습니다.

"me today you tomorrow"는, '오늘은 내가 죽지만 내일은 네 차례'라는 의미입니다. 이 시에서도 낙엽은 패잔병, 안쓰러움, 죽음으로 묘사되어 있습니다.

이처럼 낙엽은 일반적으로 부정적인 이미지로 받아들여지기에, 낙엽의 계절이 시작되면서부터 노환으로 병석에 누워 있는 노인들의 사망률이 연중 가장 높아집니다. 떨어지는 낙엽을 무의식중에 자신과 동일시하면서, 삶에 대한 의욕이 자기도 모르게 소멸되는 것입니다. 우리는 지금 그처럼 암울한 낙엽의 계절 속에 있습니다.

생명을 위한 숭고한 훈장

그러나 저는 여기에서 근본적인 질문을 제기하지 않을 수 없습니다. 과연 낙엽은 죽음과도 같이 절망적이고 암울할 뿐입니까?

그것은 단지 실패자와 낙오자, 그리고 패잔병의 상징에 지나지 않는 것입니까? 결코 그렇지 않습니다. 오히려 그 반대입니다.

봄에 움이 튼 나뭇잎은 여름과 가을을 거치면서 자신에게 주어진 사명과 책임을 다하는 데 수고를 아끼지 않습니다. 나뭇잎의 엽록체는 햇빛을 흡수하고, 흡수된 빛에너지는 나뭇잎 속에서 다른 효소들과 어울려 뿌리가 빨아들인 물을 수소와 산소로 분해합니다. 분해된 산소는 잎 표면에 있는 기공(氣孔), 즉 숨구멍을 통해 밖으로 방출되어 생물체의 호흡과 연소(燃燒)로 없어진 대기 중의 산소를 보충해 줍니다. 그리고 수소는 광합성의 효소작용을 거쳐 이산화탄소와 결합하여 당을 만드는데, 이것이 나무와 초식동물이 살아가는 데 필요한 필수 영양분이 됩니다. 그뿐 아니라 나뭇잎은 증산작용(蒸散作用)을 통해 나무 속의 수분을 수증기로 바꾸어 배출해 주기도 합니다.

이와 같은 나뭇잎의 중단 없는 수고를 통해 나무가 생존할 수 있음은 말할 것도 없고, 사람 또한 나뭇잎 덕분에 맑은 공기를 마시며 생명을 유지할 수 있습니다. 나뭇잎이 없어 인간을 포함한 지상의 모든 생명체가 제대로 살아갈 수 없는 상황은 생각하는 것만으로 끔찍합니다.

이렇듯 지상의 온 생명체를 위해 1년 내내 수고한 나뭇잎이 때가 되어 낙엽으로 떨어집니다. 그것이 과연 실패와 패배, 그리고 죽음의 상징입니까? 그것이야말로 자신에게 부여된 책임과 의무를 다한 뒤에만 누릴 수 있는 자기완성의 성취, 그리고 새로운 생명을 향한 영광스런 증표입니다. 땅으로 떨어진 낙엽은 썩어져 대지의 양분이 되어 다시 나무의 일부가 됩니다. 낙엽은 종결이 아니라 존재의 승화를 위한 새로운 출항입니다. 그 어떤 장군의 가슴에서 빛나는 훈장도 낙엽보다 더 숭고한 훈장일 수는 없습니다. 이 사실을 인식한 자는 낙엽을 보며 더 이상 우수에 젖거나 빠져들지 않습니다. 그에게 낙엽은 바른 생의 의욕과 용기를 북돋워 주는 생명의 힘이요, 기폭제입니다.

떨어지는 낙엽을 머릿속에 그려 보십시오. 낙엽은 결코 머뭇거리지 않습니다. 자신의 때가 돌아오면 미련 없이 떠나갑니다. 나뭇잎으로 나뭇가지에 매달려 있는 동안 최선을 다했기에 일말의 후회도 없기 때문입니다. 떨어지는 낙엽이 눈물겹도록 아름답고도 감동적인 것은 바로 그와 같은 의연함에 있습니다. 그렇다면 자기에게 주어진 생에 최선을 다한 자만 자신의 때가 왔을 때, 낙엽처럼 존재의 승화를 위해 미련 없이 의연하게 떠날 수 있지 않겠습니까?

청계천과 낙엽

2년여에 걸친 복원공사가 마무리되고 2005년 10월 1일 청계천

이 개장된 이래, 10월 한 달 동안에만 무려 627만 명이 찾았을 정
도로 청계천은 서울의 새로운 명소로 급부상하였습니다. 더욱이
청계천 복원공사가 끝난 뒤 주위의 공기가 맑아지고 기온이 낮아
지는 등 자연계에도 긍정적인 변화가 수반되고 있습니다. 복원된
청계천이 앞으로 시민 혹은 국민의 사고와 정서에 미칠 순기능적
인 영향까지 고려하면, 이 공사를 위해 투입된 막대한 비용을 그
누구도 아까워하지 않을 것입니다. 그렇다고 해서 청계천 복원공
사 이전에 그곳에 있었던 청계천 복개도로나 고가도로가 무익하고
불필요하기만 했느냐 하면, 그런 것은 전혀 아닙니다.

8·15 해방 이후 청계천은 토사와 쓰레기의 퇴적으로 서울 도심
의 애물단지였습니다. 더욱이 1953년 한국전쟁이 끝난 뒤 서울에
정착한 피난민에 의해 청계천 양변은 집단 판자촌을 이루게 되었
습니다. 그곳에서 배출되는 오물이 청계천으로 유입되어 도심 한
가운데서 악취가 날 뿐더러, 도시 미관상으로도 크나큰 문제로 대
두되었습니다. 게다가 피난민들로 인해 서울 인구가 급증함에 따
라 서울 도심을 가로지르는 도로 역시 턱없이 부족하게 되었습니
다. 이에 청계천을 복개하면, 다시 말해 청계천을 도로로 덮어 버
리면 모든 문제를 일거에 해결할 수 있다는 서울시의 판단에 의해,
1958년에 시작된 청계천 복개공사는 5년 후에 완공되었습니다.
해방 이후 최대의 토목공사였던 셈입니다.

2005년 현재 청계천 개장 한 달 만에 627만 명이 청계천을 찾

앗듯이, 47년 전 청계천 복개공사 역시 서울시민의 최대 볼거리였습니다. 당시 부산에서 초등학교를 다니던 제가 방학을 이용하여 서울에 오면, 사람들은 언제나 저를 청계천 복개공사장으로 데리고 갔습니다. 전 구간의 공사가 완공되어 차량이 소통되기 이전, 복개가 부분적으로 끝난 구간은 서울시민의 놀이광장이었습니다. 그 시절, 서울 한가운데에 폭이 50미터나 되던 그곳보다 더 큰 광장은 없었습니다. 주말이면 수많은 사람이 운집하여 각종 놀이를 벌였고, 눈이 쏟아지는 날이면 저마다 경쟁하듯 눈사람을 만들기도 했습니다. 그리고 1963년 복개공사가 끝남과 동시에 청계천 복개도로는 서울 도심의 동맥 역할을 충실히 이행하였습니다.

그 뒤 1967년에 접어들자 이번에는 청계고가도로 공사가 시작되었고, 만 4년 만인 1971년 광복절에 개통되었습니다. 그때에도 수많은 사람들이 청계고가도로 구경을 나갔습니다. 저 역시 그때의 감흥을 잊지 못합니다. 외국의 고가도로를 고작 그림이나 사진을 통해서만 보다가, 제가 차를 타고 직접 길 위의 2층 길을 달린다는 것은 생각했던 것보다 훨씬 기분 좋은 일이었습니다. 특히 광교에서 삼일로로 돌아가는 3층 램프를 지날 때는 마치 서커스를 하는 듯 스릴 만점이었습니다. 그렇게 개통된 고가도로는 근대화와 산업화의 상징이었습니다. 당시 서울시민치고 우리에게도 고가도로가 생겼다는 자부심을 느끼지 않은 사람이 드물었을 것입니다. 그리고 지난 30여 년 동안 청계고가도로는 비가 오나 눈이 오나 묵묵히 자기 자리를 지키면서 서울시민의 교통편의를 위해 지대한 공헌을 하였습니다. 저 개인만 하더라도 그동안 청계고가도로를 이용한 횟수가 얼마나 되는지는 짐작조차 불가능할 정도로 많았습니다.

그토록 긴 세월 동안 수고를 다한 청계천 복개도로와 고가도로가, 청계천 복원공사를 위해 2003년 7월 1일 고가도로 상판 제거작업을 시작으로 철거되었습니다. 청계천 복개도로가 개통된 지 만 40년, 그리고 고가도로가 완공된 지 만 32년 만의 일이었습니다. 그날 TV 뉴스를 통해 청계고가도로 상판이 철거되는 장면을 보면서 저는 낙엽을 생각했습니다. 청계천 복개도로와 고가도로는 우리 시대의 아름다운 낙엽이었습니다. 자신을 위해서가 아니라 서울시민을 위해 주어진 사명과 책임을 수고로 다한 후에, 자신의 때가 되매 낙엽처럼 의연하게 퇴장한 빛나는 훈장이요, 옛 청계천으로 복원되기 위한 숭고한 존재의 승화였습니다. 그래서 오늘날 대부분의 사람들은 복원된 청계천에만 심취하고 있지만, 제 마음속엔 여전히 청계복개도로와 고가도로가 남아 있습니다. 그래서 청계천 근처를 지나거나 청계천이 생각날 때마다 저는, 저 역시 제게 부여된 의무와 책임의 완수를 위해 수고를 다하다가, 저의 때가 이르면 청계복개도로나 고가도로처럼 한 잎의 낙엽이 되어 의연하게 퇴장할 것을 다짐하곤 합니다.

그것이 가능하기 위해서는 지금부터 후회 없는 삶을 살아야 하고, 후회 없는 삶은 오직 진리를 좇아 살 때에만 가능합니다.

세상만사의 '때'

하나님의 말씀인 구약성경 전도서 3장 1-3절은 다음과 같이 증언하고 있습니다.

> 모든 일에는 다 때가 있다. 세상에서 일어나는 일마다 알맞은 때가 있다. 태어날 때가 있고, 죽을 때가 있다. 심을 때가 있고, 뽑을 때가 있다. 죽일 때가 있고, 살릴 때가 있다. 허물 때가 있고, 세울 때가 있다.(표준새번역)

확실히 세상만사에는 정해진 때가 있습니다. 봄에 나뭇가지에 움이 돋을 때가 있고, 가을에 낙엽으로 떨어질 때가 있습니다. 청계천이 복개되고 그 위에 고가도로가 세워질 때가 있고, 철거될 때가 있습니다. 세상에 태어난 자는 반드시 죽을 때가 있습니다. 인간의 불행은 바로 그 때를 망각하는 데서부터 비롯됩니다. 매년 우리를 찾아오는 낙엽이 감사한 것은 세상만사에 때가 있음을 우리에게 상기시켜 주고, 그 때가 이르기 전에 우리 각자에게 주어진 생을 위해 최선을 다해야 함을 일깨워 주기 때문입니다.

어느 누구도 우리 곁에 천년만년 있어 주지 않습니다. 피를 나눈 부모형제도, 생사의 고비를 함께 넘은 친구도, 죽도록 사랑한 배우자도, 때가 이르면 반드시 우리 곁을 떠나갑니다. 지혜로운 자라면 그 때가 이르기 전에, 사랑해야 할 사람을 지금 진심으로 사랑해야 합니다. 우리가 하는 일이 아무리 중요하다 해도 언젠가 때가 되면 그 일을 내려놓지 않으면 안 됩니다. 그 때 후회가 없도록, 주어진 일에 지금 수고를 아끼지 말아야 합니다.

우리가 지금 살아 있는 것은 우리에게 태어난 때가 있기 때문입니다. 태어난 때가 있다는 것은 반드시 죽을 때가 있다는 말입니다. 그때 미련 없이 이 세상을 떠나 의연하게 하나님 앞에 서기 위해서는, 살아 있는 지금 하나님의 말씀을 온 중심을 다해 좇아야 합니다. 그와 같은 자의 죽음은 결코 실패나 절망, 혹은 종결을 뜻하지 않습니다. 그에게 죽음은 아름다운 성취요, 참된 자기완성이요, 존재의 승화를 위한 새로운 출발입니다.

이 사실을 깨닫게 해 주시기 위해, 하나님께서는 우리에게 의미 깊은 가을을 주시고 낙엽을 주셨습니다. 봄, 여름, 가을, 겨울, 어느 계절 하나 하나님의 은총 아닌 것이 없지만, 가을과 낙엽은 그 중에서도 특별한 은총입니다. 가을과 낙엽은 천하범사에는 반드시 때가 있음을, 그때를 위해 오늘 무엇을 해야 할지를, 그리고 그때를 어떻게 영광스런 인생승리로 마무리할 것인지를 일깨워 주는 하나님의 선물입니다.

절대자 앞에서 단독자로

1975년 63세를 일기로 아름다운 낙엽이 되어 세상을 떠난 시인 김현승 선생은 독실한 기독교신자였습니다. 기독교적 시 정신을 바탕으로 농밀한 언어를 통해 자아탐구를 시도한 그의 시는 우리로 하여금 옷깃을 여미게 할 정도로 삶에 대한 깊은 통찰력을 던져주고 있습니다.

〈가을의 기도〉란 시 역시 마찬가지입니다. 그 시는 다음과 같이 시작되고 있습니다.

> 가을에는
> 기도하게 하소서.
> 낙엽(落葉)들이 지는 때를 기다려 내게 주신
> 겸허(謙虛)한 모국어(母國語)로 나를 채우소서.

여기에서 "겸허한 모국어"란 '영혼의 기도'를 의미합니다. 시인은 낙엽이 지는 가을을 기도의 계절로 받아들이고 있습니다. 떨어지는 낙엽 속에서 자신의 마지막 때를 보며, 그 때가 이르렀을 때 후회하지 않을 바른 삶은, 마음을 가다듬고 기도하는 것으로부터 시작됨을 그는 알고 있었습니다.

가을에는
사랑하게 하소서.
오직 한 사람을 택하게 하소서.
가장 아름다운 열매를 위하여 이 비옥(肥沃)한
시간(時間)을 가꾸게 하소서.

시인에게 가을은 우수의 계절이 아닙니다. 그에게 가을은 사랑의 계절입니다. 사랑하되 오직 한 분, 다시 말해 절대자이신 하나님만을 사랑하는 계절입니다. 그것만이 그 때가 이르기 전, 자신의 생이 가장 아름다운 열매를 맺을 수 있는 길이기 때문입니다. 따라서 떨어지는 낙엽이 자신의 마지막 때를 대비하게 해 주는 가을이야말로, 그에게는 1년 중 가장 비옥한 시간입니다.

그리고 그의 시는 이렇게 끝이 납니다.

가을에는
호올로 있게 하소서.
나의 영혼,
굽이치는 바다와
백합의 골짜기를 지나
마른 나뭇가지 위에 다다른 까마귀같이.

시인에게 가을은 홀로 있는 계절입니다. 낙엽이 떨어져 앙상한 나뭇가지 위에 가까스로 다다른 외로운 한 마리의 까마귀처럼, 고해의 바다와 영적 환희의 골짜기를 지나면서 자신이 세상과 철저하게 절연된 홀로임을 재확인하는 계절입니다. 자신의 생이 낙엽처럼 떨어져 내리는 순간 이 세상 그 누구도 자신을 책임져 줄 수 없는, 자신이 철저하게 단독자(單獨者)임을 깨닫는 자만 절대자이신 하나님과 바른 관계를 맺을 수 있고, 그 때가 이르렀을 때 하나님에 의해 존재의 승화를 꾀할 수 있습니다.

더없이 귀중한 이 인생의 교훈들을, 시인은 가을에 떨어지는 낙엽을 보며 깨달았습니다. 그래서 그는 〈가을은 눈의 계절〉이라는 시에서,

낙엽들이 지는 날 가장 슬픈 것은
우리들 심령에는 가장 아름다운 것……

이라고 노래했습니다. 떨어지는 낙엽으로 인해 모든 것이 슬퍼 보이는 것 같지만, 그것은 실은 우리의 심령을 가장 아름답게 가꾸어 주는 하나님의 은총이라는 것입니다. 낙엽 떨어지는 가을은 기도로 자기 내면을 알차게 가꾸는 시기요, 단독자인 자신과의 대면을 절대자이신 하나님과의 대면으로 승화하는 기간이요, 결과적으로 더 깊은 생의 의미와 가치를 추구하고 구현하는 기회이기 때

문입니다.

사랑하는 형제자매 여러분!

이제 이 시간이 끝난 뒤 거리로 나서면, 떨어지거나 이미 떨어진 낙엽들이 여러분을 반갑게 맞이할 것입니다. 그 낙엽 앞에 잠시 멈추어 서서 귀를 기울여 보십시오. 낙엽 속에서 하나님의 음성이 들릴 것입니다.

모든 일에는 다 때가 있다. 세상에서 일어나는 일마다 알맞은 때가 있다. 태어날 때가 있고, 죽을 때가 있다. 심을 때가 있고, 뽑을 때가 있다. 죽일 때가 있고, 살릴 때가 있다. 허물 때가 있고, 세울 때가 있다.

낙엽 속에서 이 말씀을 들으며, 이 가을에 기도하십시오. 그 낙엽들을 보며, 생명의 창조자이신 하나님과 깊은 사랑을 나누십시오. 낙엽 떨어진 앙상한 나뭇가지에서 단독자인 자신을 발견하고 대면함으로써, 절대자이신 하나님의 말씀을 좇으십시오. 그때 이 가을로 인해 여러분의 인생의 의미와 가치, 그리고 차원이 새로워질 것입니다. 자기 사명을 위해 1년 내내 수고를 다하다가 뿌리로 회귀하는 그 낙엽들로 인해 여러분의 그 때가 이르렀을 때, 주어진 사명과 책임을 위해 최선을 다한 여러분 역시 아름다운 낙엽처럼 의연하게 하나님께로 돌아가는 존재의 승화를 누리게 될 것입니다.

떨어지는 낙엽 한 잎 속에 우리 인생의 모든 의미가 농축되어 있습니다. 한 잎의 낙엽 속에 인간이 걸어야 할 참된 삶의 길이 있습니다. 하나님께서 매년 이맘때면, 어김없이 우리에게 낙엽 떨어지는 가을을 주시는 이유가 바로 여기에 있습니다.

❖

참된 생을 위한 의욕과 용기를 우리에게 주시기 위해, 또다시 낙엽 떨어지는 가을을 허락하신 하나님의 깊으신 은총에 감사드립니다.

가을에는
기도하게 하소서.
낙엽들이 지는 때를 기다려 내게 주신
겸허한 모국어로 나를 채우소서.

가을에는
사랑하게 하소서.
오직 한 사람을 택하게 하소서.

가장 아름다운 열매를 위하여 이 비옥한
시간을 가꾸게 하소서.

가을에는
호올로 있게 하소서.
나의 영혼,
굽이치는 바다와
백합의 골짜기를 지나
마른 나뭇가지 위에 다다른 까마귀같이.

그리하여 낙엽 떨어지는 이 가을로 인해, 우리 생의 의미와 가치
와 차원이 새로워지게 해 주십시오. 주어진 사명을 위해 1년 내내
수고를 다한 뒤에 명예롭게 뿌리로 회귀하는 낙엽으로 인해, 주어
진 삶에 최선을 다한 우리의 때가 이르렀을 때, 우리 역시 하나님
께로 명예롭게 돌아가는 존재의 승화를 누리게 해 주십시오. 아멘.

12 "인생은 아름다워"

하나님이 자기 형상 곧 하나님의 형상대로
사람을 창조하시되 남자와 여자를 창조하시고……
그 지으신 모든 것을 보시니 보시기에 심히 좋았더라

● 창세기 1장 27–28, 31절

"사람이 더 아름다워요"

신혼여행 중, 경상북도 울진군 구산리에 있는 성류굴(聖留窟)을 찾았을 때의 일입니다. 본래 그 굴의 이름은 신선이 노닐 만큼 아름다운 곳이라 하여 선유굴(仙遊窟)이었습니다. 그러나 임진왜란 당시 근처 사찰에 있던 불상을 이 굴속으로 피난시킨 적이 있었는데, 그 이후 거룩한 불상이 머물렀던 곳이라 하여 성류굴로 불리고 있습니다.

천연기념물 155호로 한국에서 가장 유서 깊은 동굴 중 하나인 성류굴은 주굴(主窟)의 길이가 470미터, 전체의 길이가 800미터에 이르는 대형 동굴입니다. 그 속에는 각양각색의 종유석, 석순, 석주들이 장관을 이루고 있습니다. 특히 '마(魔)의 심연(深淵)'이라 불리는 깊이 8미터의 지하 호수에 이르면, 사방의 종유석들이 수면에 잠기고 반사되는 비경(秘境)을 이루고 있어 보는 이의 감탄을 자아내게 합니다.

자연이 빚어내는 그 신비스런 광경 앞에서 저 역시 감탄을 연발

하였습니다. 그때 제 처가 말했습니다.

자연이 아무리 아름다워도 사람이 더 아름다워요.

아내의 그 말은 제게 신선한 충격으로 다가왔습니다. 저는 그때까지 사람이 자연보다 더 아름답다는 생각을 해 본 적이 없었습니다. 그런데도 아내의 그 말에 100퍼센트 동의할 수 있었습니다. 그때부터 저의 뇌리 속에는 이 세상 그 무엇도 사람보다 더 아름다울 수는 없다는 생각이 똬리를 틀었습니다.

10여 년 전 중앙아메리카의 코스타리카를 방문하였습니다. 니카라과와 파나마 사이에 끼어 있는 꼬리 모양의 코스타리카는 동쪽으로는 카리브 해, 그리고 서쪽으로는 태평양과 연이어 있어, 어디를 가나 절경을 이루고 있는 해변을 만날 수 있습니다. 그래서 스페인어로 '풍부한 해안'이라는 의미의 '코스타리카'(Costa Rica)란 이름이 더없이 어울리는 나라입니다. 그런데 특이한 것은 해변마다 사람을 만나 보기 어렵다는 점이었습니다. 국토는 남한의 절반 크기인데 인구는 고작 300만 명밖에 되지 않으니, 긴 꼬리 모양의 국토 양쪽으로 계속 이어지는 해변에 사람이 쉽게 보일 턱이 없었습니다.

제가 찾아갔던 카리브 해 연안의 해변도 마찬가지였습니다. 눈부신 태양 아래 끝도 없이 펼쳐진 황금빛 모래사장, 코발트 색 창공과 오염되지 않은 푸른 바다, 그리고 줄지어 서 있는 야자수들이 한데 어우러져 절묘한 조화를 이루고 있는 그 해변은 가히 지상의 낙원이라 불러도 좋을 성싶을 정도로 아름다웠습니다. 그러나 희한하게도 그 해변은 아름다운 만큼 또 고독하고 쓸쓸해 보였습니다. 충만한 아름다움이 아니라 뭔가 부족하고 허전한 아름다움, 그래서 한편으로는 서글퍼 보이는 아름다움이었습니다. 다시 말해 그 모든 풍경이 살아 있는 자연이라기보다는 모든 것이 정지된 그림처럼 아쉽게도 죽어 버린 정적 속의 아름다움, 그래서 진정한 의미에서 아름다움이라 하기에는 미흡한 아름다움이었습니다.

그런데 그 정적은 갑자기 그곳에 뛰어든 사람들에 의해 깨졌습니다. 도로변 쪽에 멈춘 자동차에서 수영복을 입고 나온 아가씨들이 소리를 지르며 바닷속으로 달려가 물놀이를 즐기기 시작한 것입니다. 놀랍게도 그 아가씨들의 출현과 동시에 정지되어 있던 해변이 살아 움직이기 시작했습니다. 무엇인가 허전했던 해변이 생기가 꽉 찬 충만한 아름다움으로 춤을 추기 시작한 것입니다. 그것은 참으로 순식간의 일이었습니다. 마치 죽은 것처럼 보이던 해변이 충만한 아름다움으로 살아 움직이는 데엔 단 몇 초도 걸리지 않았습니다. 그 해변 속에 사람이 뛰어듦과 동시에 그 놀라운 변화가 수반되었습니다. 자연이 아무리 아름다워도 사람이 더 아름다움을 그날 그곳에서 재확인할 수 있었습니다.

앙리 샤리에르의 인간 '체험'

정말 그렇지 않습니까? 이 세상의 그 어떤 절경이나 비경이, 그 어떤 보석이 사람보다 더 아름다울 수 있겠습니까? 스위스의 알프스가 아무리 아름다워도, 어찌 자기 자식보다 더 아름다울 수 있겠습니까? 다이아몬드가 아무리 찬란하다 해도, 어찌 자기 배우자보다 더 찬란할 수 있겠습니까? 꽃이 제아무리 아름답다 한들, 어찌 생명을 지닌 사람보다 더 아름다울 수 있겠습니까?

만약 그런 것들이 사람보다 더 아름다울 수 있다고 말하는 자가 있다면, 그의 직책과 경력이 어떠하든 상관없이 그는 아직도 사람을, 사람의 아름다움을, 사람의 보배로움을 전혀 알지 못하는 무식한 사람임에 틀림없습니다. 그러나 이 말이 추한 인간은 존재하지 않는다거나, 인간에게는 아무 문제가 없다는 말은 전혀 아닙니다.

1973년에 개봉되어 세계적으로 화제를 불러일으켰던 스티브 맥퀸과 더스틴 호프만 주연의 〈빠삐용〉은, 실존 인물인 앙리 샤리에르의 자서전을 영화화한 것입니다. 나비를 의미하는 프랑스어 '빠삐용'(papillon)은 앙리 샤리에르의 별명이었습니다. 살인죄로 감옥에 갇힌 앙리 샤리에르는 집요하게 탈출을 시도하지만 매번 무위로 끝나, 결국 그는 상어 떼가 우글거리는 '악마의 섬'으로 유배됩니다. '악마의 섬'이란, 그 섬으로부터 탈출에 성공한 사람이 없다는 의미에서 붙여진 이름이었습니다.

그러나 '악마의 섬'마저도 앙리 샤리에르의 탈출 의지를 꺾지는 못했습니다. 그는 그곳에서도 호시탐탐 탈출 기회만을 노렸습니다. 그가 그렇듯 목숨을 걸고서까지 계속 탈출을 시도하려 했던 이유가 있었습니다. 살인죄로 수감된 그는 결코 살인한 적이 없었기 때문입니다. 그의 나이 24세이던 1930년 3월 26일 새벽 3시, 그는 술집에서 술을 마시고 있었습니다. 마침 근처에서 살인 사건이 났으나, 술을 마시던 그는 그 사건과 아무 연관도 없었습니다. 그러나 공명심에 불타던 젊은 검사는 사건 현장 근처에서 술을 마시던 앙리 샤리에르를 범인으로 지목하였고, 거짓 증인까지 내세워 그에게 살인 누명을 씌웠습니다.

이듬해인 1931년, 결국 법정에서 종신형을 선고받은 그는 종신수 유형지에 유배되고 말았습니다. 따라서 자신에게 억울한 누명을 씌운 검사와 거짓 증인들에 대한 불타는 복수심이 그로 하여금 '악마의 섬'에서마저도 탈출을 포기치 않게 하였습니다. 마침내 앙리 샤리에르는 야자열매를 채워 물 위에 뜨게 만든 자루를 구명대 삼아 절벽 위에서 바다를 향해 뛰어내렸습니다. 그리고 탈출 시도 아홉 번 만에 성공한 그가 환호하는 것으로 영화는 끝이 납니다. 그때가 억울하게 옥살이를 시작한 지 13년 만인 1944년이었습니다.

그러나 그것은 단지 그의 첫 번째 자서전 마지막 장면일 뿐입니다. '악마의 섬'에서 탈출한 이후의 이야기는 그의 두 번째 자서전인 《방코》(*Banco*)에 상세하게 소개되어 있습니다. 탈출 직후 그는 한동안 남아메리카의 밀림 속에 몸을 숨깁니다. 당시의 상황을 기록하면서 그는 밀림에서 가장 무서운 맹수에 대하여 언급하였습니다. 여러분은 밀림에서 어떤 맹수가 가장 무서울 것 같습니까? 으레 표범이나 사자, 혹은 하이에나를 연상할 것입니다. 그러나 앙리 샤리에르에게 그런 짐승은 전혀 무섭지 않았습니다. 그런 짐승은 눈앞에 나타나는 즉시 권총으로 물리치면 그만이었습니다. 샤리에르에게 밀림 속에서 가장 무서운 맹수는 바로 인간이었습니다. 인간은 언제나 웃는 얼굴로 다가오지만 이내 사기를 치거나 자신이 탈옥수임을 알고는 협박하는 등 자신의 모든 것을 송두리째 뜯어먹으려 덤벼들곤 하였습니다. 젊은 시절 공명심에 불타는 검사의 모함으로 인생 파멸을 겪지 않을 수 없었던 그가 보기에 인간은 한마디로 가장 포악한 맹수보다도 못한 존재에 지나지 않았습니다.

그러나 이것이 어찌 앙리 샤리에르만의 견해이겠습니까? 짐승의 세계에는 강간이 없습니다. 혼자 천문학적 숫자의 폭리를 취하려 하는 매점매석도 없습니다. 대량살상무기도 없습니다. 자연을 파괴하고 오염시키며 세상을 더럽히는 것은 언제나 짐승이 아니라 사람입니다. 매일 신문 사회면을 장식하는 온갖 범죄기사를 보십시오. 확실히 인간은 짐승보다 못합니다.

생각하면 할수록 인간보다 더 추악한 생명체는 없습니다. 하지만 이것은 인간이 인간다움, 즉 인간성을 상실한 결과일 뿐, 이것이 인간 본래의 모습인 것은 아닙니다. 인간다움을 상실치 않은 인간, 본래의 인간성을 지니거나 회복한 인간은 이 세상의 그 어떤 자연이나 보배보다 더 아름답고 값집니다. 하나님께서 애당초 인간을 가장 아름답게 지으셨기 때문입니다.

아름다움과 추악함의 경계

하나님께서는 하늘의 별과 달을 비롯하여 꽃과 나무 그리고 새에 이르기까지, 엿새에 걸쳐 하나님 보시기에 아름답게 우주만물을 창조하셨습니다. 그래서 성경은 하루가 끝날 때마다, 하나님께서 지으신 것이 하나님 보시기에 좋았다고 증언하고 있습니다. 우리말 '좋다'로 번역된 히브리어 '토브'는 '아름답다'는 뜻을 동시에 지니고 있습니다. 하나님께서 심혈을 기울여 지으셨으니 하나님 보시기에 아름다운 것은 너무나도 당연한 일이었습니다. 그런데 하나님께서 마지막 엿새째 되는 날 사람을 창조하신 것과 관련하여 창세기 1장은 다음과 같이 증언하고 있습니다.

> 하나님이 자기 형상 곧 하나님의 형상대로 사람을 창조하시되 남자와 여자를 창조하시고 하나님이 그들에게 복을 주시며 그들에게 이르시되 생육하고 번성하여 땅에 충만하라,

땅을 정복하라, 바다의 고기와 공중의 새와 땅에 움직이는
모든 생물을 다스리라 하시니라(27-28절)

하나님이 그 지으신 모든 것을 보시니 보시기에 심히 좋았
더라(31절)

하나님께서 사람을 창조하신 날, 그날도 하나님께서는 당신이
지으신 피조물을 아름답게 여기셨음은 물론입니다. 그런데 성경은
다른 날과는 달리, 그날만은 유독 '심히'란 부사를 덧붙이고 있습
니다. 그날 하나님께서 당신이 지으신 사람을 아름답다고 여기시
되 그냥 아름답다 여기신 것이 아니라, 심히 아름답다 여기셨습니
다. 그러실 수밖에 없는 것이 하나님께서는 당신의 형상대로 사람
을 지으셨기 때문입니다. 하나님께서는 진·선·미, 다시 말해 참
됨과 선함과 아름다움의 원천이십니다. 그 진선미의 하나님께서
당신의 진선미를 따라 사람을 지으셨으니, 그 사람이 어찌 하나님
보시기에 심히 아름답지 않을 수 있었겠습니까?

이처럼 본질적으로 아름답게 지어진 인간은 하나님과의 관계를
벗어나면서 인간의 아름다움인 인간다움을 상실한 외형만의 인간,
바꾸어 말해 짐승보다도 못한 추악한 존재로 전락하고 말았습니
다. 앞서 인간을 창조하신 하나님의 말씀을 '인생 사용설명서'라
고 정의한 바 있습니다. 하나님께서 인간을 지으셨기에 인간이 인

간답게 사는 법과 인간다운 인생을 꾸릴 수 있는 방법은 하나님만 아시는데 바로 그 설명서가 하나님의 말씀입니다. 따라서 하나님을 외면하고, 창조주의 '인생 사용설명서'를 무시한 인간이 아름다운 사람이 된다거나 아름다운 인생을 꾸려 갈 수 있다는 것은 애당초 불가능하지 않겠습니까?

이런 관점에서 죄란 하나님과의 관계에서 벗어나 인간이 인간으로서 지녀야 할 인간다움, 즉 원래의 인간성을 상실한 것입니다. 그러나 그 어떤 인간도 하나님 앞으로 돌아오기만 하면 잃었던 인간성, 인간다움을 회복할 수 있습니다. 그것이 바로 구원입니다.

구원은 언제나 결과적으로 본래의 인간다움, 원래 하나님께서 주셨던 인간성의 회복으로 드러납니다. 인간성, 즉 인간다움을 회복하였다는 것은 그가 이미 인간을 창조하신 하나님과 바른 관계 속에 있음을 의미하기 때문입니다. 하나님의 형상인 원래의 인간다운 인간성, 아름다운 인간다움을 되찾은 자가 그의 외적 조건과는 상관없이 이 세상 그 무엇보다 더 아름다우며, 또 아름다운 인생을 엮어 갈 것임은 두말할 나위도 없습니다.

앙리 샤리에르의 마지막 고백

앙리 샤리에르가 '악마의 섬'에서까지 죽음을 불사하며 오직 탈출 일념으로 일관했던 것은, 자신에게 살인범의 누명을 씌운 검사와 거짓 증인들에 대한 복수심으로 인함이었다고 했습니다. 인간에 대한 증오심이 없었던들, 그는 종신 유형지에서 벌써 생을 마감했을지도 모릅니다. 이를테면 그에게 복수심과 증오심은 생존의 동기인 동시에 목적이었습니다.

그가 드디어 탈출에 성공하였습니다. 그러나 탈옥수인 자신을 반겨 주는 자는 이 세상 그 어디에도 없었습니다. 도리어 맹수보다 못한 인간들이 그에게 온갖 몹쓸 짓을 다했습니다. 그렇다면 어차피 복수를 위해 목숨을 걸고 탈옥한 만큼, 그 자신도 그 못된 검사와 거짓 증인들을 찾아가 맹수보다 더 난폭하게 그들을 도륙함이 마땅하지 않았겠습니까?

1967년 마침내 범죄시효가 만료되자 61세가 된 앙리 샤리에르는 프랑스에 귀국하여, 꿈에도 잊을 수 없었던 파리에 입성하였습니다. 무려 36년 동안 오직 그날을 위해, 불의한 검사와 검사의 사주를 받은 거짓 증인들에게 복수극을 벌일 그날을 위해 살아온 그였습니다. 그러나 파리에 도착한 그는 8일 동안 밤낮에 걸친 번민 끝에, 자신에게 살인범의 누명을 씌었던 자들을 용서하기로 하나님 앞에서 결심하였습니다. 그리고 그는 자서전의 마지막 부분을 이렇게 장식하였습니다.

나는 하나님께 기도했다. 내가 복수를 포기한 대가로 다시는 이런 비극이 생기지 않게 해 달라고 간절히 기도했다. 그리고 나는 나 자신에게 이렇게 속삭였다. 친구여, 네가 이겼다. 너는 자유롭고 사랑받는 미래의 주인공으로 여기 서 있다. 네가 복수하려던 자들이 어떻게 살고 있는지, 더 이상 알려고도 하지 말아라. 그들은 이미 과거의 한 부분일 뿐이다. 너는 드디어 여기에 있다. 마치 기적처럼. 그리고 너는 지금 확신하고 있다. 이 일에 관계된 모든 사람 가운데 네가 가장 행복하다는 사실을 말이다.

복수의 현장 한가운데서 도리어 하나님 앞에 용서를 선포하고 기도하는 앙리 샤리에르의 모습을 머릿속에 그려 보십시오. 얼마나 인간다운 아름다운 인간입니까? 하나님 앞에서 인간성을 회복한 그가 마치 거인처럼 여겨지지 않습니까? 이 세상의 그 무엇이 인간다운 인간의 아름다움을 회복한 그의 아름다움에 비견될 수 있겠습니까? 그의 인생 자체가 그 어떤 미술품도 흉내낼 수 없는 완벽하게 아름다운 예술품이지 않습니까?

영화 〈빠삐용〉을 관람한 대부분의 관객들이 오해하듯이, 앙리 샤리에르의 자서전에 담긴 참된 가치는 죽음마저 불사한 그의 불굴의 탈출 의지, 자유를 향한 집념에 있지 않습니다. 맹수보다 못한 인간 세상 속에서도 그 어떤 보배보다 더 아름다운, 인간다운 인간의 원래 모습을 보여 주는 데 있습니다. 복수와 증오의 감옥에

한평생 갇혀 살던 인간도 인간의 원래 아름다움을 회복할 수 있고,
또 아름다운 인생을 얼마든지 꾸려 갈 수 있다는 것은 얼마나 아름
다운 소식입니까?

인생이 아름다운 까닭

러시아 태생의 레온 트로츠키는 1917년 10월 혁명의 지도자 중
한 명이었습니다. 혁명 성공 이후 권력투쟁 과정에서 스탈린에게
패배한 그는 1929년 스탈린에 의해 국외로 추방되었습니다. 그러
나 계속되는 스탈린의 암살 위협에 그는 터키, 프랑스, 노르웨이를
거쳐 종국에는 대서양을 건너 멕시코로 망명하였습니다. 그러나
그곳도 안전지대는 아니었습니다. 스탈린의 사주를 받은 자객이
그의 집에 기관총을 난사하는 등, 그의 목숨은 풍전등화와도 같았
습니다.

끝내 1940년 8월 스페인의 공산당원 메르카데르에 의해 암살당
하기 직전, 자신의 최후가 임박하였음을 예견한 트로츠키는 유언
장을 남겼습니다. 그 마지막 단락이 다음과 같습니다.

방금 전 나타샤가 마당을 질러와 창문을 활짝 열어 주었기
에, 공기가 훨씬 자유롭게 내 방으로 들어오게 되었다. 벽

아래로 빛나는 연초록 잔디밭과 벽 위로는 투명하게 푸른 하늘, 그리고 모든 것을 비추는 햇살이 보인다.

인생은 아름다워라.

훗날의 세대들이 모든 악과 억압과 폭력에서 벗어난 삶을 마음껏 향유하게 하자!

임박한 자신의 죽음을 내다보면서도 '인생은 아름답다'고 감탄한 것은 얼마나 아름다운 선언입니까? 인간 이외의 그 어떤 생명체가 이처럼 아름다운 고백을 할 수 있겠습니까? 트로츠키의 이 아름다운 고백을 모티브로 삼아 뭇 세계인의 마음을 사로잡았던 영화가 그 유명한 〈인생은 아름다워〉입니다.

영화 〈인생은 아름다워〉는 제2의 찰리 채플린이라 불리는 이탈리아 출신의 감독 겸 배우인 로베르토 베니니가 각본·감독·주연의 1인 3역을 맡았던 영화입니다. 1998년 영화 완성과 동시에 칸느 영화제 심사위원 대상을 수상하고, 외국어 영화로는 사상 최초로 1999년 아카데미영화제 남우주연상을 수상하는 등 각종 영화제에서 극찬을 받았던 이 영화는, 2차 대전 당시 베니니 가문이 실제로 겪었던 일을 토대로 한 것으로 알려지고 있습니다.

이탈리아에서 무솔리니의 파시즘이 맹위를 떨치던 1939년이었습니다. 시골 출신 청년인 귀도는 초등학교 교사인 도라와 결혼, 아들 조슈아를 얻고 행복한 나날을 꾸려 가고 있었습니다. 그러나 평화롭던 세 식구에게, 그들의 힘만으로는 도저히 물리칠 수 없는 불행이 닥쳤습니다. 그날은 아들 조슈아의 네 번째 생일이었습니다. 사랑하는 아들을 위해 정성을 다해 생일 파티를 준비하던 그들은, 이탈리아의 동맹국이었던 독일 히틀러의 유대인 말살 정책의 피해자가 되어 유대인 수용소로 끌려가고 맙니다.

그러나 귀도는 불과 네 살밖에 되지 않은 어린 아들 조슈아가 놀라지 않도록, 자신들은 지금 재미있는 놀이에 참가한 것처럼 믿게 만듭니다. 언제 죽을지 모르는 절망적인 수용소의 현실, 독가스실의 공포, 강제노동의 고통 속에서도, 귀도는 타고난 유머 감각을 발휘하여 눈물겹도록 아들을 즐겁게 해 주면서 희망을 심어 줍니다. 아슬아슬한 생사의 기로를 수도 없이 넘긴 끝에 마침내 독일이 패망하였습니다. 나치는 증거를 없애기 위해 서류 뭉치를 불태우고 포로를 처형하기도 합니다. 그 혼란의 와중에서 아내와 아들을 데리고 탈출하려던 귀도는 나치군에게 발각되어 사살당하고 맙니다. 마지막 순간 나치군에게 끌려가면서도, 숨어서 자신을 보고 있는 아들이 걱정하지 않도록 우스꽝스런 행동을 연출하는 귀도의 모습은 차라리 슬픈 비극의 한 장면입니다. 그러나 그 아버지 덕분에 조슈아는 그 죽음의 수용소에서도 구김살 없이 살아남습니다.

영화 전체의 스토리만을 놓고 보면, 영화는 분명히 비극입니다. 그런데도 비극적인 영화의 제목이 '인생은 아름다워'인 것은, 비극적이고 절망적인 상황 속에서도 인간과 인간의 사랑이 얼마나 아름다울 수 있는지, 아름다운 인간이 엮어 가는 인생이 극한 상황 속에서도 얼마나 아름다울 수 있는지를 비극적인 상황과 대조하여 보여 주고 있기 때문입니다. 그래서 영화는 나중에 성인이 된 아들의 내레이션으로 시작되고 있습니다.

간단하지만, 하기 어려운 이야기를 한다. 동화처럼 슬프고 놀라우며 행복이 담긴 이야기다.

그리고 역시 아들의 내레이션으로 영화의 막이 내립니다.

이것이 나의 이야기다. 아버지가 희생한 이야기, 그것이 아버지가 준 귀한 선물이었다.

이처럼 이 영화의 앞과 뒤에서, 아버지의 아름다웠던 헌신적 삶을 포근히 감싸고 있는 아들의 내레이션으로 인해 이 영화의 의미와 가치는 더욱 두드러지고 있습니다. 아버지의 아름다움과, 아버지의 아름다운 인생을 장성한 아들이 알고 기리는 것은 얼마나 감동적인 일입니까? 그 아름다운 아버지로부터 자신을 위한 아름다운 인생을 유산으로 받은 아들 역시 어떤 상황 속에서도 아름다운 사람으로, 아름다운 인생을 살 것임은 너무나도 자명하지 않습니까? 인간 세상에서 부자지간의 관계도 이렇듯 아름다운 인생으로 승화될 수 있다면, 우리가 하나님 아버지와 바른 관계를 맺을 때 우리의 인생은 얼마나 아름다워지겠습니까?

'관계'의 회복, 아름다움의 회복

진선미의 하나님께서는 본래 우리를, 아름다운 당신의 형상을 닮은 존재로 아름답게 지으셨습니다. 우리를 지으시고 당신 보시기에 얼마나 아름다웠던지, 심히 아름답다고 감탄하실 정도였습니다. 그러나 인간이 하나님을 외면하고 인간다움을 상실한 채 죄와 사망의 수용소에 포로로 갇히자, 하나님께서는 예수 그리스도의 이름으로 친히 이 땅에 오시어 당신의 죽음으로 우리의 죄 값을 대신 치러 주셨습니다. 만약 그것만으로 끝나 버렸다면 하나님과 조슈아의 아버지 귀도 사이에는 별 차이가 없을 것입니다.

그러나 하나님께서는 조슈아를 위해 죽은 귀도와는 달리, 우리를 위해 돌아가셨다가 죽음을 깨트리고 부활하심으로 우리에게 영원히 아름다운 생명의 길을 열어 주셨습니다. 그래서 누구든지 하나님께로 돌아가기만 하면, 하나님께서 인간의 모습으로 오셨던 예수 그리스도를 인생의 주인으로 모시기만 하면, 아름다운 인간성을 영원토록 회복할 수 있음은 물론이요, 이 세상에서도 그분 안에서 아름다운 인간으로 아름다운 인생을 아름답게 구가할 수 있습니다. 바로 이것이 '사랑의 초대'를 마무리하면서 드리는 마지막 메시지입니다.

사랑하는 형제자매 여러분!

인생은 결코 아름답지 않습니다. 하나님을 떠난 인생은 그 외형과 외적 조건에 관계없이 본질적으로 짐승과 같거나 오히려 더 못할 뿐입니다. 동시에 인생은 참으로 아름답습니다. 인간을 창조하신 하나님께 돌아가 하나님과 바른 관계를 회복하는 것보다 더 아름다운 것은 없고, 아름다운 사람이 하나님의 도우심 속에서 엮어가는 인생보다 더 아름다운 것도 없습니다. 하나님께서 아름다운 분이시고, 당신의 아름다우심으로 우리의 인간다움을 회복시켜 주시기 때문입니다.

이제 또다시 새해가 시작됩니다. 그러나 참된 새해는 달력의 교체로 이루어지지 않습니다. 참된 새해는 인간의 인간다움, 원래의 아름다운 인간성을 회복하고 아름다운 인생을 사는 것으로부터 시작됩니다.

이제 우리 모두 하나님께로 돌아가십시다. 하나님과 바른 관계를 회복하십시다. 하나님의 아름다우심으로 옷 입으십시다. 하나님의 아름다운 생명, 하나님의 아름다운 사랑, 하나님의 아름다운 말씀, 하나님의 아름다운 생각, 하나님의 아름다운 계획으로 우리 자신을 가득 채우십시다. 그때 오늘 이 밤이 아름다운 인생을 향

285

한, 그리고 진정한 새해를 향한 역사적인 출발점이 될 것입니다.

❖

진선미의 하나님 아버지! 우리를 하나님 아버지의 아름다운 형상을 따라, 아름다운 존재로 창조해 주신 것을 감사드립니다. 우리가 하나님을 외면하고 인간다움을 상실한 채 짐승과 구별되지 않는 삶을 살았음에도, 하나님 아버지께서 당신의 죽음으로 우리의 죄 값을 친히 치러 주시고, 우리에게 잃어버린 아름다운 인간성을 영원히 회복할 수 있는 길을 열어 주셨음을 더욱 감사드립니다.

이제 우리 모두 하나님 아버지께 돌아갑니다. 하나님 아버지의 아름다움으로 우리를 옷 입혀 주십시오. 이 시간 이후로 하나님 아버지의 도우심 속에서 아름다운 사람으로, 아름다운 인생을 살아가는 기쁨을 누리게 해 주십시오. 우리 모두 하나님 아버지 안에서 아름다운 인생의, 진정한 새해를 맞게 해 주십시오. 하나님께서 아름다운 우리의 인생을 통로로 삼아, 하나님의 아름다우심으로 이 세상을 뭇 사람들이 마음껏 살 만한 아름다운 곳으로 회복시켜 주옵소서. 아멘